中央高校基本科研业务费专项资金资助
（2023WKYXZD003）

洪涝灾害事件网络媒体数据挖掘与分析

曾忠平　彭浩轩　单欣刚　郭诗瑶／著

华中科技大学出版社
http://press.hust.edu.cn
中国·武汉

图书在版编目（CIP）数据

洪涝灾害事件网络媒体数据挖掘与分析/曾忠平等著. —武汉：华中科技大学出版社，2023.12

（公共管理研究书系. 第二辑）

ISBN 978-7-5680-9893-9

Ⅰ.①洪⋯ Ⅱ.①曾⋯ Ⅲ.①水灾-突发事件-互联网络-传播媒介-数据处理-研究-中国 Ⅳ.①G219.2

中国国家版本馆 CIP 数据核字（2023）第 155882 号

洪涝灾害事件网络媒体数据挖掘与分析

曾忠平　等著

Honglao Zaihai Shijian Wangluo Meiti Shuju Wajue yu Fenxi

策划编辑：张馨芳	
责任编辑：苏克超	
封面设计：孙雅丽	
责任校对：张汇娟	
责任监印：周治超	
出版发行：华中科技大学出版社（中国·武汉）	电话：(027) 81321913
武汉市东湖新技术开发区华工科技园	邮编：430223
录　　排：华中科技大学惠友文印中心	
印　　刷：武汉科源印刷设计有限公司	
开　　本：710mm×1000mm　1/16	
印　　张：13　插页：2	
字　　数：238 千字	
版　　次：2023 年 12 月第 1 版第 1 次印刷	
定　　价：78.00 元	

本书若有印装质量问题，请向出版社营销中心调换
全国免费服务热线：400-6679-118　竭诚为您服务
版权所有　侵权必究

前 言
Foreword

过去10年中,社会媒体蓬勃发展,改变了人们在自然灾害突发事件期间风险沟通和社交行为模式。人们在社会媒体上交互、分享和阅读内容,网络媒体数据量空前增长。理解和处理这类新型数据,并从中发现有用的模式,对于提升自然灾害突发事件期间的应急管理能力,具有重要意义。洪涝灾害作为破坏性较强的自然灾害之一,经常造成城市地区重大经济损失和不同程度的人员伤亡。利用先进的计算机技术建立灾害信息监测系统,开展灾情态势分析感知、舆情分析和研究,是当前自然灾害应急管理发展新趋势。

社交媒体是非结构化、动态、面向未来的,在洪涝灾害事件应急管理和灾难救援事件中,以社交网络媒体为主的 Web2.0 大量使用,改变了 Web1.0 时代由政府管理部门主导的、以"自上而下"为特征的信息管理模式。这种由少数资源集中控制为主导向广大用户集体力量为主导的用户生成内容的重大转变,为不同阶段灾害复杂过程应急管理水平提升提供了新的契机。比如,防灾阶段,可以挖掘网络媒体中洪涝灾害监测数据,并进行关联分析,识别两者的耦合规律;响应阶段,网络媒体中的预警信息迅速传播,对信息扩散机制和网络舆情进行深入分析,有利于提升指挥与协调的精度和效率;恢复阶段,网络媒体中的用户生成内容体现了群众的情绪反应和实时诉求,对网络媒体信息进行情绪分析、"词云"分析,能够有效挖掘公众的态度倾向和关注焦点,为灾区恢复提供精准支持等。

高效而有洞察力的数据挖掘需要积极探索社交媒体数据分析的工具技术和实现路径。本书整合了近10年以来网络媒体数据在洪涝等自然灾害方面的研究进展,以及作者及其研究生团队在网络媒体灾害热点挖掘和地理信息检索方面的相关工作。本书为灾害应急管理等相关领域的学生、从业者、研究人员了解和使用网络媒体方面的知识提供了比较全面的归纳总结,也为第三方软件公司更好地挖掘和利用社交媒体数据以更好地服务于灾害应急管理提供了有益的思考,可作为高年级本科生和低年级硕士生的课外阅读教材,也可作为短期专业课程用书。

目 录
Contents

第一章 导论 1
- 第一节 研究背景与研究价值 2
- 第二节 国内外研究现状综述 6
- 第三节 主要内容和分析框架 15

第二章 主要关键技术 18
- 第一节 社交媒体定义与特点 18
- 第二节 搜索引擎 19
- 第三节 分布式爬虫技术 19
- 第四节 地理命名实体识别与数据挖掘 24
- 第五节 数据存储与预处理 29
- 第六节 数据可视化技术 31
- 第七节 Web 框架 34

第三章 基于互联网新闻的灾害热点挖掘系统设计 36
- 第一节 系统需求分析 36
- 第二节 系统总体设计 47
- 第三节 功能模块划分 49
- 第四节 数据库设计 57
- 第五节 系统实现 60
- 第六节 系统测试 68

第四章 基于微博信源的分布式爬虫系统设计 　　72

第一节　系统需求分析 　　72
第二节　分布式爬虫总体设计 　　77
第三节　功能模块设计 　　79
第四节　数据库设计 　　92
第五节　系统实现 　　95
第六节　系统测试 　　101

第五章 基于网络媒体的灾害热点跟踪系统设计与开发 　　105

第一节　事件背景 　　105
第二节　数据处理 　　108
第三节　基于网络媒体的灾害热点跟踪分析 　　113
第四节　基于微博信源的用户活动信息跟踪分析 　　121
第五节　本章小结 　　126

第六章 基于网络媒体的城市洪涝易感性评价的融合案例分析 　　127

第一节　城市洪涝灾害风险评价概述 　　127
第二节　城市洪涝灾害影响因素分析 　　129
第三节　数据的获取和处理 　　131
第四节　研究结果和实际意义 　　137

第七章 洪涝事件网络媒体响应机理与灾害成因机制分析 　　144

第一节　研究目的 　　144
第二节　数据收集与处理 　　145
第三节　近30年武汉市南湖地区土地利用/覆被变化时序分析 　　149
第四节　武汉市南湖地区水域损失与建设用地扩张分析 　　161
第五节　武汉市南湖地区内涝灾害响应分析 　　165

第六节　基于防范或降低内涝灾害的城市土地开发利用对策　178
第七节　案例总结　185

第八章　主要结论　188

参考文献　190

第一章 导论

【导言】

大数据时代,互联网和人工智能技术不断发展、应用得到普及,各种社交媒体大量涌现,在灾害应急管理中发挥着越来越重要的作用,已经成为灾害突发事件应急管理和决策的不可缺少的重要数据源。社交媒体包括灾害事件发生时本地化的信息,具有即时性和动态性的特征。相比传统的突发事件记录和探测手段,在时间分辨率和空间分辨率等方面,社交媒体关于事件的描述和记录,有可能更加精细。社交媒体数据具有体量大、多样化、价值密度低等大数据特征,从中提取有价值的信息,对于更加有效应对自然灾害等突发事件风险,具有重要意义。

洪水是极具破坏性的自然灾害之一,随着极端天气的增多和城市化进程步伐的加快,我国城市洪水事件频发,严重影响了城市居民的生产生活,给人民的生命财产安全带来了较大的威胁,建立有效的灾害预警和监测机制对于洪涝事件的防灾、备灾、响应、恢复至关重要,事关城市经济社会的可持续发展。洪涝灾害的发生环境复杂、涉及利益相关者众多,需要大量有关受灾人员时空分布、灾情演变等信息。尽管传统的应急管理模式稳健高效,但仍然经常面临风险事件信息来源不足、决策信息不够丰富等问题,洪涝灾害等突发事件应急管理依然面临较大挑战。网络媒体的大数据特征,为应急管理的"数字化""智能化""智慧化"发展提供了新的机遇。

网络媒体常见的数据来源分为两类,即主要基于Web1.0技术的传统网页形式的报告和被互联网公司所掌握的基于Web2.0技术的平台媒体如微博等。本书针对互联网平台多样、数据种类多元的特点,结合洪涝灾害应急管理对网络媒体数据挖掘的需求,从网络媒体常见的两个可获取的数据来源出发,开发基于互联网新闻的灾害热点挖掘系统、基于微博信源的分布式爬虫系统和基于用户生成内容的灾害热点跟踪系统,提取信息实时监测灾情。以此为基础,本书继续收集社交媒体中的灾害事件信息,通过统计和可视化分析对洪水灾害进行敏感性评价,提升应急管理水平。针对灾害成因,本书将网络媒体数据与其他数据源整合,提取土地利用变化信息,从网络媒体灾害响应视角出发探究洪涝灾害成因。全书围绕如何在网络时代进一步加强洪涝灾害突发事件应急管理能力,探讨了如何挖掘并分析洪涝灾害事件过程中的网络媒体数据,得到有价值的应急信息作为决策依据,做好防灾减灾和应急响应。

研究期间,得到熊待峰、单欣刚、郭诗瑶、邹尚君、葛张宇、成敏、李思齐等同学的大力帮助和支持。此外,在大数据和人工智能应用于网络媒体响应机理与灾害成因机制研究方面,华中科技大学文科双一流建设项目"数字政府与人工智能治理"(项目编号:3011407038)提供了部分技术支持;同时,在洪涝灾害事件预测和仿真模拟方面,也借鉴了湖北省重点研发计划项目"文旅景区三维数字化平台关键技术研究"(项目编号:YFXM2021000012)的部分思路和研究成果,在此一并致谢。

第一节 研究背景与研究价值

一、研究背景

伴随着全球气候变化的不断加剧,学术界认为,未来的很长一段时间里极端天气事件在区域和地方范围内的频率和严重程度都会增加。极端降雨等气候变化事件对全球大部分国家和城市造成了较大的威胁,导致人口和财产的较大损失,洪涝灾害的应急管理对城市地区至关重要。比如2021年4月3日至4日,亚洲的印度尼西亚东南部和东帝汶部分地区受热带气旋"芙蕖"的影响连降暴雨,出现严重洪涝灾害,造成两国222人死亡、数十人失踪、数万人流离失所。2021年7月14日,西欧也遭遇了暴雨引起的严重洪灾,德国西部和南部的城镇和村庄被淹没,还引发了山体滑坡和泥石流等次生灾害,比利时、卢森堡和荷兰也受到影响,造成西欧经济损失超过430亿美元。这些灾害事件是由破纪录的、持久的和局部的暴雨引起的,形势复杂、损失严重,需要加快对特定气候现象潜在机制的研究并加强洪涝灾害事件的应急管理,做好防灾减灾以减少灾害影响。

我国自然灾害种类多、范围广,常常给人民群众和社会带来较大影响和损失,具有不可预见性,特别是暴雨、洪涝、大风、雷电、冰雹等气象灾害及引发的次生灾害,表现出"灾害种类多、影响范围广、受灾程度重"的特点。比如,1998年6月的特大洪水事件,造成了29个省(自治区、省辖市)遭受不同程度的洪涝灾害损失;2008年的5·12汶川地震,导致重大的人员伤亡和财产损失;2016年发生在武汉地区的洪涝灾害,造成南湖周边多地区被淹;2021年7月17日至23日,河南省遭遇了历史罕见特大暴雨,严重的洪涝灾害共造成1478.6万人受灾,直接经济损失1200.6亿元。尽管在未来很长一段时间内,自然灾害的发生仍然是难以避免的,但是可以通过对灾害信息进行管理来降低损失。对灾害信息进行管理,可以提高人们对灾害风险的理解,从而制定应对策略以减少损失;也可以在灾害的潜伏、爆发、持续和缓解等阶段成为政府应急管理决策的依据;还可以全面监测自然灾害,进行预警和评估以减轻危害。

开发创新的早期预警系统对于防洪准备和启动应急管理中多级组织之间的行动,以及减少灾害风险和影响是不可或缺的。在全球各大主要城市,针对极端天气事件的预警系统已经得到不同规模的实施,如极端天气预警系统和洪水预警系统的部署等。自然灾害早期预警系统旨在为各级政府当局提供必要的信息,以便管理者能够对影响地区的人员疏散和应急救援等行动尽早做出应对措施和管理决策。自然灾害事件快速和高分辨率的监测,能够为应急管理决策和响应提供有效信息,然而,传统的监测手段仍然可能存在监测盲区,面对极端气候变化,以往的事件监测方法存在局限性,可能导致突发事件应急管理响应出现延误,如何进一步提升城市自然灾害监测和预报系统能力,需要不断进行更多的技术创新和探索。

近年来,中国互联网经历了以"社交媒体转型"和"媒体整合"为特征的快速转型,人们已经习惯于用手机和电脑等终端设备查看新闻信息、分享个人想法,各大新闻媒体平台也实时更新数据。截至2022年12月,我国网民规模为10.67亿,互联网普及率达75.6%,配备了智能移动设备和社交网络系统的公民有权记录环境变化,成为在线灾难的忠实记录者;各级政府部门也开始利用网络媒体平台(例如网站、微信、微博等)来发布灾害发生时的各种新闻。互联网新时代的趋势下,网络媒体包含了大量灾情相关信息,比如灾害的事件类型、发生时间、地理位置等，充分挖掘并利用网络媒体数据信息已经成为提升自然灾害应急管理能力的重要手段。

网络媒体在洪水灾害管理中的应用已经得到了世界范围内的广泛研究。例如，在德国城市和美国南卡罗来纳州，学者们使用带地理标签的照片快速绘制洪水淹没地图；国内学者则对北京暴雨事件使用聚类分析方法进行文本分类。这些早期的研究集中在流域或城市层面洪水事件的情景感知上。最近，分析的范围已经扩大至更广泛领域的灾害管理。学术界和实践部门越来越关注如何发挥网络媒体数据广泛多元、动态变化的优势，或者将网络媒体数据和其他传统数据相结合，为洪涝灾害应急管理过程中的动态监测、灾害评价和成因分析等提供重要的数据源。比如，一些中国学者从与武汉降水强度相关的文本中提取出时间变化，来评估灾难过程；在巴西洪水事件的相关研究中，研究者们将包含地理信息的推文和降水输入数据相结合，以改进水流模拟。

总之，全球气候的变化和人类活动对自然环境的破坏不断加剧，各种气象灾害在世界各地频繁上演，特别是极端降雨事件给人民的生产生活带来了巨大损失。大数据、人工智能、云计算等科技不断发展，从网络媒体大量、多元且动态的数据集中过滤无用的信息、挖掘并分析有价值的信息，能够为洪涝灾害事件的应急管理提供更加可靠的决策依据，为风险评估、灾前预警以及灾后重建提供强大的技术支撑，对洪涝灾害事件应急管理能力的提升具有重要意义。网络媒体数据已经成为加强洪涝灾害风险管理和应急响应的重要资源，为应急管理体系和能力的"现代化"提供有力支撑。

二、研究价值

洪涝灾害会造成巨大的经济损失，导致死亡和贫困，甚至加剧复杂的社会矛盾和生态问题，是阻碍受灾地区可持续发展的关键因素之一，给国家和城市的弹性管理带来了一系列的挑战和压力。在未来的气候变化情景下，学者们预测世界各地的洪涝事件会加剧，需要尽快提升应对城市洪水的能力，包括快速预警、风险沟通、灾害跟踪、灾害评估、救援救灾等能力。

网络媒体的出现和发展为洪涝灾害事件应急管理提供了新的契机。现代通信和数字成像技术使公众能够产生大量洪水观测数据，如洪涝事件发生的时间和地点，并通过互联网媒体分享传播这些灾害相关的信息，有助于更好地实现灾害风险沟通，为应急管理决策提供依据。将来自公民和利益相关者的网络媒体数据运用于洪涝灾害应急管理是防灾减灾的重要手段，对洪水事件的预警、监测、响应和评价等有着显著价值。

综上所述，本书对于洪涝灾害事件网络媒体数据挖掘与分析的研究具有如下理论价值和现实价值。

（一）理论价值

基于大数据智能挖掘与分析方法探索的视角，利用多源数据，构建互联网新闻灾害热点挖掘系统、微博信源分布式爬虫系统、灾害热点跟踪系统、逻辑回归建模策略、遥感数据人机解译，全面分析网络媒体数据挖掘与分析在洪涝灾害事件中的应用方法和价值。

拓展城市暴雨洪涝灾害应急管理领域的分析模式，运用社交媒体大数据展开分析，结合分布式爬虫技术、地理命名识别技术、数据挖掘技术、数据可视化技术等多种前沿技术，为灾害的热点跟踪、损失评估、敏感性评价研究提供新的研究视角、分析模型和技术手段。

设计并实现系统与建模的创新运用于灾害应急管理，为灾害事件数据的获取与分析打下较好基础，也为今后相关领域或类型的分析建立框架模型，有利于相关领域多层次学科的交叉研究与协作。

（二）现实价值

灾害管理方面，本研究所提出的研究方法和预计获得的研究成果，与灾害热点的检测、追踪及可视化密切相关，能够为第一时间做出应急决策提供及时可靠的信息来源，有利于减灾系统的优化、应急管理和政府调配资源工作的开展，为设计出多部门、多区域、各方主体共同参与并符合各方利益的灾害应急管理联动机制提供了一定的参考。

可持续发展方面，洪涝灾害事件的应急管理及城市湖泊区域土地利用变动是土地利用变化研究的重要组成部分，也是城市可持续发展的关注点。在城市发展及各类城市发展过程中问题凸显的背景下，理解城市湖区土地利用变化和内涝的管理与响应，能够帮助城市有效防灾、抗灾、减灾，有利于推动城市的可持续发展。

第二节 国内外研究现状综述

一、网络媒体发展概述

网络媒体的发展大致经历了三个阶段：

（1）基于Web1.0技术的产物，包括门户网站、搜索引擎和相对后期爆发的论坛如天涯、猫扑等，在形式和功能上更偏向于是报纸、电视的网络化，由网站单向灌输信息给用户，用户利用Web浏览器单向获取内容，进行浏览、搜索等操作，主要特点是依托网页浏览器；

（2）基于Web2.0技术的交互性社交网络平台，比如Facebook、Twitter、微信等，拥有庞大的用户规模、强关联的社交关系、海量的大数据，在各种智能新兴技术的支撑下用户与数据进一步集中和沉淀，被挖掘出巨大的价值；

（3）基于5G、人工智能（AI）、增强现实/虚拟现实（AR/VR）、区块链、大数据等信息技术的智能数字新媒体时期，直播与短视频成为智能数字新媒体生态体系的入口，服务实体产业与实体经济。

在西方国家，2018年TikTok迅速崛起，VK在俄罗斯成为重要平台，Snapchat在北美和中东的年轻人中尤其受欢迎，而Facebook和Instagram作为两大主流社交媒体，已经成为品牌在网络媒体上传播、鼓动用户和获得转型的主要渠道。在我国，2009年8月28日，中国最大的门户网站新浪网推出"新浪微博"，微博正式进入中文上网主流人群的视野，开始飞速发展。2011年，微信的广泛使用大大增强了我国社交媒体的力量。不同国家采用的网络媒体工具不同，但都全面融合了最新的核心技术，逐渐呈现出信息多元化、场景多样化、圈层破壁化、功能服务化的发展趋势，不断向数字化、网络化、智能化方向转型，抓住新机遇通过科技革新服务社会。

二、网络媒体在应急管理中的作用

网络媒体的各种内容被认为是有关人类思维活动和现实世界的符号记录，表示了个体对灾情的刺激、感知、态度、情绪、需要等心理活动过程在认知层面的反应以及对灾情动态变化的描述和记录，越来越多的学者关注网络媒体在应急管理过程中扮演的角色。比如，Alexander 基于网络媒体即时广泛的信息传播与反馈，认为社交网络媒体的应急管理功能包括舆论监督、危机播报、应急响应、构建凝聚力、促进慈善捐赠、揭露渎职腐败行为等。也有很多学者从应急管理的全生命周期出发，认为网络媒体应用可以嵌入应急管理准备、响应、缓解和恢复等各个阶段。综合来看，主要有以下几个方面的突出作用。

信息交互方面，公众使用网络媒体来获取信息进行风险沟通，应急管理机构也可以利用在线网站发布报道传播信息、寻找受灾群众及救助点等。Procopio 等学者认为传统媒体容易受到突发事件的干扰，社交媒体可以成为信息沟通的可靠工具。Kryvasheyeu 等人的研究也表明，在哈维飓风期间，Twitter 是发送和接收在线救援请求的主要工具之一，进行着高效的风险沟通。作为创新使用信息和通信技术的催化剂，社交媒体等网络媒体为灾害信息的交流和利用，以及社区资源的建设提供了途径，特别是用户在地理上分散时，更显示出社交媒体的作用与优势。

灾情监测方面，邬柯杰等人认为社交媒体能够提供的丰富的感知信息用于灾害应急管理致灾、灾情和救助信息的提取，弥补传统观测数据和调查数据的不足之处。Wukich 也指出网络媒体数据可用于监测自然灾害，有助于应急管理者了解特定区域的潜在风险，制订针对性应急准备计划。针对传统观测技术感知灾害信息的不足，学者们认为利用网络媒体来获取灾害信息是监测灾害情况的有效途径，并围绕网络媒体在灾情监测中的应用探索如何提取网络媒体数据并进行全面分析，以从灾害趋势、致灾强度、承灾体损失程度等各个方面深化对灾害状况的了解，提升应急管理能力。

情感支持方面，网络媒体对公众危机情境的情绪管理有积极作用。Dufty 分析了博客条目中的表达，确定了网络媒体的情感治疗用途（如讨论自己的情绪）。Murakami 等人对 2011 年日本东北地区大地震进行案例分析，也发现震后推特成为受灾民众寻求心理援助和情感寄托的主要平台。在分析危机传播中社交媒体对公众心理的四重建构性功能时，一些学者认为社交媒体具有疏导、舒缓、调适和培育等四重建构性功能，能够帮助公众消解焦虑，实现自我调控，获得健康心理，从而建构正确的社会危机观。

综合来看，当前挖掘网络媒体数据在应急管理中的应用潜力这一研究领域受到了国内外学者的广泛关注，研究内容不断丰富，研究方法也层出不穷，为应急管理能力的提升带来了更多维度的可能性。不断探索网络媒体数据的分析方法应用角度，有利于网络媒体数据作为应急管理决策的重要依据，辅助管理者在应急管理过程中做出更加高效精准的决策。在实践中，灾害应急管理部门也越来越多地开始使用网络媒体平台来了解公众对突发事件的相关态度及受影响状况，并借此寻找可以帮助灾害响应的信息，同时纠正相关的虚假谣言和错误信息等。

三、网络媒体洪涝灾害应用

洪涝灾害事件在世界各地的频率和强度都在增加，可能对受害者和整个社会产生毁灭性影响。灾害造成的有形损害会直接影响个人财产或城市基础设施，例如交通、电力、通信和供水；无形损害则包括个人的情绪困扰和社会的经济衰退。因此，必须不断改进应急管理方法，做好防灾减灾和灾后恢复。大数据时代，应用网络媒体支持洪涝灾害事件应急管理是新的全球趋势。近年来，Twitter、Facebook 和新浪微博等社交媒体在洪水灾害管理中的应用已经在世界范围内得到了研究。早期研究的重点是流域或城市层面洪水事件的态势感知，最近，分析的范围已扩大到更广泛领域的灾害管理，在洪水事件的网络媒体风险沟通、信息挖掘、时空分析、灾害评估与救援决策，以及敏感性评价等方面进行了大量探索。

（一）洪水事件的风险沟通

紧急情况下，有效的沟通对于风险防范、通知预警、减少灾害影响、拯救生命和提高灾害复原力至关重要。尽管 Freeman 等人承认广播和电视等媒体仍然被积极地应用于灾害风险沟通和预警，但 Dufty 和 Alexander 认为，进入 Web2.0 时代，更多的现代信息是通过社交媒体来广泛传播的，洪水灾害事件的风险沟通正逐渐转为通过社交媒体等网络媒体进行。Haworth 和 Bruce 也指出，传统的灾害管理技术由专业人士驱动，公民参与度较低，与当代技术之间有着明显差距。Miller 和 Goodchild 阐明了当代的灾害管理技术更侧重于将信息与移动设备、社交媒体和电子邮件等多种信息源混合在一起，能迅速覆盖到大量人群，促进灾害风险沟通。因此，Hiltz 等人主张在社交媒体和应急响应人员之间建立沟通桥梁，以实现社交媒体数据的全部潜力。

Willems 等的研究表明，社区或权威驱动的紧急通信正在迅速转向基于网络的技术和社交媒体，以扩大公众对灾害预警等信息的可访问性。不仅管理机构越来越多地使用社交媒体正式或非正式地向公众和志愿者等利益相关者传播信息，

Abedin 和 Babar 指出，公众也开始转向社交媒体分享最新信息。正如 Deng 等人所强调的，当代灾害管理技术的实践可以充分利用公民的聚合信息力量，突出"群体智慧"的作用。以社交媒体 Twitter 为例，Feldman 等人认为它是一个在灾害情况下动员全球范围救济力量的重要场所。当洪涝灾害发生时，至关重要的是建立政府机构与公众之间的适当沟通渠道，这不仅是为了有效的应急反应和救济行动，也是为了使民众了解灾害情况、缓解心理焦虑。因此，网络媒体为灾害管理中共同责任机制的构建和群体力量的凝聚提供了技术支撑，有利于灾害事件中高效的风险沟通。

大数据时代，对国家和城市洪涝灾害事件应急管理能力的要求不断提高，学者们提出了不同的模型和方法来检验洪水事件下组织利用网络媒体进行风险沟通的能力。Wenlin Liu 等人将组织-公共对话沟通（OPDC）框架扩展到社交媒体介导的灾难沟通的背景下，提出了一个多层次框架来评估灾害管理组织在自然灾害期间发送的 Facebook 消息的对话能力。Ehnis 和 Bunker 的研究则调查了 2011 年昆士兰州洪水期间应急当局如何采用社交媒体，手动收集了昆士兰警察局在 Facebook 页面上发布的笔记，分析发现 59% 的帖子用于广播信息，18% 用于广播警告，13% 用于鼓励适当的行为，8% 用于呼吁信息，2% 用于打击谣言，是社交媒体高效风险沟通的有力证明。

洪涝灾害事件发生期间，除了应急管理组织积极利用网络媒体向公众传递信息，用户也通过网络媒体进行风险沟通，包括记录洪水灾害情况、表达需求、自主获取官方消息等，促成了洪涝灾害情境下的精准救援和高效管理。以 Ondoy 台风洪水为案例，Morales 收集了 Twitter 数据，发现在洪水期间用户发送了与个人救援和疏散电话有关的各种消息，以及对物资捐赠的需求，促进了洪涝灾害的及时救援。Bird 等通过对 Facebook 群组用户的在线调查，发现 74% 的受访者会自主使用政府的其他社交媒体来获取洪水事件相关的信息。LeiLi 等人则以 2021 年中国暴雨灾害为例，收集了 248 条微博消息，并分析社交媒体用户在紧急救援时的反应，结果表明用户讨论的话题遵循信息传递先于情感表达的规律，社交媒体用户在灾害信息传播中发挥着重要作用。

（二）洪水事件的态势感知

将网络媒体运用于洪水事件的态势感知主要是智能挖掘洪涝灾害相关的信息并对灾害形势进行检测分析。Cameron 等人指出，社交媒体可以用来提高态势感知能力，并支持紧急情况和危险情况下的危机协调。部分学者通过对社交媒体数据挖掘与分析的实践研究，强调了大数据智能挖掘在洪水灾害应急管理中的突出优势。Eilander 等人、Sun 等人使用社交媒体数据或将社交媒体数据与传统数据（主要是遥感图像）融合在一起，以估计洪水灾害期间的洪水范围和受影响地区，结果表明社交媒体数据相比传统监测方法能够更快地识别受影响区域。以 2015 年南卡罗来纳州的洪水为研究案例，Li 等人通过利用地理空间程序中的 Twitter 数据来绘制近实时的洪水地图，也表明与传统的数据收集方式（如遥感和实地测量）相比，这一方法能在近实时内对洪水情况进行一致和可比的估计。

认识到网络媒体数据应用于洪涝灾害事件应急管理的优越性和必要性之后，学者们不断探索通过网络媒体对洪水事件进行态势感知的可行方法，开发基于网络媒体的预警、响应、监测系统以促进灾情态势感知是其中一种。Landwehr 等人则利用 Twitter 平台上与海啸有关的社交媒体数据信息，开发了印尼巴东海啸预警系统，对海啸灾害进行预警和规划响应。还有许多学者专注于对洪涝灾害下网络媒体数据分析的算法模型进行创新，比如 Camilo Restrepo-Estrada 等建议使用一个转换函数，通过分析权威的社交媒体地理信息和降雨量测量值，创建一个代理变量，纳入水文模型以辅助流量估计，有助于改进洪水监测的溪流模拟效果。

同时，网络媒体数据源中大量的图像和推文形象地记录着灾害情形和损害程度，通过手动检查这些信息来进行洪水灾害的态势感知几乎是不切实际的，使用机器学习来解决这个问题的新趋势正在出现。比如，Li 等人所提出的新型三步模型可以在城市洪水期间利用计算机视觉技术，基于社交媒体图像自动计算水深，以构建洪水地图，感知洪涝灾害的态势，根据洪水严重程度及时实施缓解和维护措施。许多最新研究使用复杂的机器密集型方法来分析大量的 Twitter 推文。例如，Bec 和 Becken 通过 Twitter API（应用程序编程接口）分析了气旋"黛比"期间受影响地区的 463 条地理标记推文，了解人们的情绪和风险认知，有利于从更全面的视角识别洪涝灾害的风险。

（三）洪水事件的信息挖掘

洪涝灾害的信息挖掘包括对用户发布的信息进行自然语言处理和文本挖掘，从网络媒体文本数据中提取关键词、实体信息、情感倾向等内容，获取事实描述、目击者报告、救援请求等信息，挖掘的内容不断丰富深入。Kankanamge 等人的调查结果显示，推文可用于识别灾害严重程度随时间推移的波动以及受影响严重的灾区，还能通过推文数量的飙升趋势确定洪水的起始时间。Smith 等将来自 Twitter 的数据流用来检测风暴事件，分析推文的文本内容，找到具有语义值的术语,来指示降雨强度、大风暴发生或洪水深度等洪涝灾害信息。

学者们在信息挖掘的理论基础和实践技术上不断深入研究、创新探索,为在洪涝灾害事件下使用信息提取技术挖掘相关的有用信息提供支撑。Huang 等人为了使社交媒体数据流更好地用于挖掘可操作的数据,提出了 47 个不同的主题以对应灾害的四个阶段并进行编码,准确划分了社交媒体信息。系统软件开发上,Abel 等人开发了一种名为 Twicident 的自动社交网络流过滤系统,根据给定的灾害事件,自动跟踪和过滤来自社交网络媒体的相关信息。Freitas 等则专注于网络媒体信息的优先级排序,开发了一个处理社交媒体信息重要性的软件。

还有许多学者对信息提取技术使用的算法和模型进行创新,以提高洪水事件信息挖掘的效率。比如,Zhang 等人以 2020 年夏季武汉洪涝事件为例,结合有关洪水位置的语义信息提出了新算法,BERT-Bi-LSTM-CRF 命名实体识别模型首次被引入到洪水位置和不相关位置的识别中。Imran 和 Nguyen 等人的研究侧重于分类技术,有助于更好地识别推文价值。Imran 等建立了支持向量机、随机森林和朴素贝叶斯模型,将来自各种自然灾害(例如洪水和地震)的推文分为不同的信息类别,例如推文是否包含有关伤亡人员、情感态度以及不相关主题的信息。Nguyen 等人还在危机相关数据集上使用了卷积神经网络(Convolutional Neural Networks,CNN)架构,根据是否对急救人员有用对推文进行分类。

(四)洪水事件的时空分析

在信息和通信技术的帮助下,网络媒体用户可以在洪涝灾害事件发生的确切时间共享和交换灾害相关的信息以及他们在事件发生地点的感受,为洪涝灾害事件应急管理领域时空模式的探索提供了大量的数据源。具体来说,空间参考信息可以从空间坐标(即经度和纬度),社交媒体用户的个人资料(即通常在城市一级的注册地址)和文本内容中提取;时间参考信息可以从图文和视频内容中挖掘。这些网络媒体所包含的时空信息已经被用于探索人们对洪水事件的反应变化、预测洪涝灾害的趋势演变和绘制潜在损害的地图等方面。

在研究过程中,学者们强调了社交媒体包含的时空信息与洪涝灾害时空分析的相关性和对洪涝灾害事件应急管理能力提升的重要性。比如,Guan 等人对桑迪飓风及 Twitter 发布数量和位置进行统计分析,发现飓风相关的 Twitter 数量与普通 Twitter 数量的比例随着灾害临近不断升高,表明社交媒体的时空分布可以在一定程度上反映灾害的情况。Schnebele 等人用航拍照片、Youtube 视频、Twitter 和 Google 照片来创建飓风桑迪造成的破坏地图,认为多个非权威数据源的融合有助于填补权威数据时空覆盖的空白。徐敬海则提出了位置微博的概念，并根据灾害程度和位置分布形成了灾害分布图，可以直观感知灾害，奠定了一定的理论基础。

洪涝灾害事件下，网络媒体平台的时空信息多与人员伤亡、设施损毁、紧急求助相关。在洪水事件发生的各个阶段利用网络媒体数据进行时空分析，主要是为了给洪涝灾害事件应急管理提供信息参考，作为管理人员及时高效决策的依据。规划避难所作为防灾的重要措施，Kusumo 等针对它分析了推文中的地理信息，表明居民所需庇护所的位置与政府避难所的位置吻合度只有 35.6%，为避难所选址提供了参考。王波等人提取了社交媒体签到数据，从中分析出居民对暴雨洪涝响应的时空格局，对提升城市暴雨洪涝的应急管理提出了政策性的建议。Yan 等人则对带有地理标签的社交照片进行可视化研究，监测和评估了 2013 年菲律宾地震和"海燕"台风之后旅游业的复苏情况。

学者们通过不同的案例对洪涝灾害进行时空分析的同时，还积极创新研究方法，以进一步提高洪水事件时空分析的效率和精度。以 2020 年中国成都暴雨引发的洪涝为例，Kaihua Guo 等人应用了爬虫算法，从微博和 TikTok 两个常用的社交平台中分别提取和过滤静态数据和动态数据，通过时空分析确定了 232 个具有地质位置的洪水点。Singh 等人则将马尔科夫模型引入到系统中来预测用户位置，并报告最佳情况下的位置预测准确率为 87%。Kumar 和 Singh 创建了一个基于卷积神经网络的深度学习模型，从紧急推文中提取位置参考。

（五）洪水事件的灾害评估

现有的洪涝灾害评估研究可以分为检查物理损害的研究和检查情绪影响的研究，进行物理损害评估的研究主要包括对灾害各项经济损失的评估。例如，Kryvasheyu 利用 Twitter 数据对桑迪飓风进行了灾害损失评估，发现人均 Twitter 活动强度与飓风造成的人均经济损失密切相关。基于网络媒体的灾害评估手段也多围绕对于洪水事件下物理损失的估计，Gervone 在对 2013 年博尔德洪水进行案例研究时，就通过融合获得的遥感数据和 Twitter 数据，进行了运输损害评估。Dou Mingxuan 等人则共同开发了一种使用社交媒体数据的灾害损失评估方法，由数据预处理、细粒度主题提取和定量损失估计组成，并在对台风"天鸽"的案例研究中证明了方法的可行性。

洪涝灾害下情绪的评估则主要关注公众受灾情影响的负面情绪。比如，Gruebner 等人使用 Twitter 数据来识别负面情绪，发现与风暴期间相比，风暴后的负面情绪有所增加,为救援地区和人群的确定提供了进一步的指导。Shan 等人收集了天津爆炸和台风 Nepartak 期间和之后发送的社交媒体文本,基于情绪分析技术探讨了受灾群体的负面情绪分布。此外,Tan Ling 等人以 2020 年重庆的重大洪涝事件为例,基于微博对负面情绪的产生进行回归分析,调查影响情绪反应的个体特征因素。

(六) 洪水事件的救援决策

在进行群众救助过程中,网络媒体数据提供了救助需求的信息,是应急管理人员进行救援相关的决策的重要依据,研究者们探讨并肯定了社交媒体在洪水事件救援决策中的辅助作用。如 Kumar 等考虑人口类型进行物资分配。Martin 等考虑推文数量和空间变化进行物资保障。Marco Krüger 等也研究了在城市洪涝灾害中政府依靠社交媒体组织志愿活动为公众提供应急物资的现象。应急管理部门运用网络媒体大数据智能挖掘与分析可以更好地了解公众所需资源的类型和数量,并根据实际情况动态调整应急资源分配策略,提供更有效的救援。

为了更加充分地发挥网络媒体在洪涝灾害事件中辅助救援决策的作用,学者们针对决策层的灾害响应开发了新的算法和网络平台。例如,Wu Xianhua 等设计了基于社交媒体信息传播功能的洪涝灾害应急物资物流寻址和配送路径优化的算法。Gao 等则通过社交媒体数据搭建了 Ushahidi-Haiti 危机地图平台,在地图上能够直观显示灾害情况和需求情况,在救援行动中发挥着重要作用。之后 Jessica Heinzelman 和 Carol Waters 继续考察了危机地图绘制平台 Ushahidi 的作用,明确提出 Ushahidi 为国际社会提供了通过短信和社交媒体直接从海地居民收集可信数据的机会,让响应者能在快速变化的洪涝灾害环境下迅速瞄准资源,有效协调应急管理中的分散性问题。

(七) 城市洪水的敏感性评价

网络媒体数据对城市洪水敏感性建模的应用正在被学者们积极研究,比如 Fu Shengnan 等人通过命名实体识别模型从新闻媒体数据中提取历史洪水位置以评估城市洪水敏感性,将网络媒体数据源和现代深度学习技术应用于城市洪水管理。但城市易感性评价这一领域网络媒体数据的应用仍然有限,利用新闻媒体数据进行城市洪水易发性评估的研究较为缺乏。Zhao 等人认为数据短缺和复杂的城市机制是城市洪水敏感性建模和测绘的研究障碍。高分辨率的时空降雨数据和详细的下水道排水数据等水文气象和水力特征数据获得难度较高,城市洪水机制难以确定。在测绘方面，将几种水文和水动力模型用于城市洪涝区的治理取得了不同程度的成功，例如 X. Wu 等人的 SWMM，Li 等人的 SUSIM 和 Cheng 等人的 Info Works ICM。然而这些模型构建耗时、参数复杂，限制了它们的应用。

机器学习模型显示出了它在复杂系统建模方面的独特优势，对数据有限的城市洪水敏感性评价有着重要意义。基于统计方法和计算机科学，机器学习模型旨在开发和训练数学模型，以找到解释因素与观测洪水样本之间的关系。然后，这些模型可用于城市洪水敏感性建模或支持决策。比如由经典机器学习算法组成的朴素贝叶斯（NB）模型，将贝叶斯定理与预测变量独立性假设相结合，在进行大规模预测时能有效处理复杂和不完整的数据。例如，Khosravi 等人使用 NB 模型评估了中国最易发生洪水的地区之一宁都流域的洪水敏感性，但 NB 模型在预测城市洪水方面很少使用。Li Yao 等人则尝试利用社交媒体数据，基于 NB 模型绘制成都市洪水易发区地图，分析了城市洪水事件的动态空间特征变化和城市洪涝影响因素。

（八）洪水事件中社交媒体运用的障碍因素

在洪涝灾害期间使用社交媒体开展应急管理应用仍然存在一些障碍因素。一部分障碍因素取决于社交媒体在紧急通信中的缺点，包括虚假谣言的传播，存在相互矛盾的信息。如果没有监管和监督，任何人都可以自由地在网络平台上发表言论，这可能导致虚假或不准确信息的广泛传播。另一部分障碍因素是由社交媒体的用户群体自身特征决定的，学者们已经认识到，社交媒体用户并不是没有偏见的人群的理想样本，人口统计特征也会造成一定偏差。因此，社交媒体帖子不能直接用于估计受灾人群的属性。Luo 等研究人员证明，人口统计特征会显著影响城市人口流动模式，导致人口群体之间的代表性存在偏差。同时，对社交媒体偏见的无知可能会导致灾难中的决策支持不恰当，例如 J. S. Dargin 等人提出的，会将更多资源分配给社交媒体上代表性过高的群体。

四、评述

现代社会是一个风险社会，各类突发性事件时有发生。尤其是近年来，公共危机事件频发，波及范围广，影响面积大，常常造成重大的生命财产损失，对公共利益与公共安全造成极大威胁，极易引发公众心理焦虑、抑郁、恐慌，导致心理畸变甚至群体失控行为，从而造成社会混乱。微博、微信、抖音等社交媒体成为公共危机的重要参与主体，对应急管理产生了较大影响。基于网络媒体的应急管理是未来发展的大趋势，网络媒体数据的价值不仅仅是情境态势感知，在灾害事件中网络媒体风险沟通、数据提取、时空分析、敏感性评估等方面的潜力也值得进一步挖掘。

总的来说，国内外针对这一主题进行了大量研究，但对洪涝事件的灾害评估、救援决策和敏感性分析的探讨还较为缺乏。同时，由于不同国家互联网的情境不同，数据获取方面仍然存在着不少的差异。比如，国外研究多针对 Twitter 和 Facebook 等西方主流媒体；我国则以新浪微博、百度贴吧等为主。尽管有一部分我国学者已经开展了相关研究，但具体研究仍有不足，和西方国家的研究相比，我国洪涝灾害事件网络媒体智能挖掘与分析的研究在理论、方法和应用层面，都存在着不少短板。如何针对我国国情来研究洪涝灾害中智能挖掘的方法和技术，为网络媒体应用的深化、应急管理水平的提升提供更多的价值，还有待进一步探索。

当前，世界范围内的研究人员仍然面临着许多挑战。与昂贵且耗时的传统观察方法相比，社交媒体数据具有优势，包括其庞大的数量、有限的成本和快速的收集时间，已被用于洪涝灾害的跟踪、评估和易感性分析等诸多方面。但是，由于固有的问题，例如缺乏验证导致的信息矛盾，偏远地区互联网资源较少导致的样本代表性不足，用户人口构成的偏见，以及文化规范和价值观的主观影响，仅利用社交媒体数据得出科学结论仍然存在不确定性。针对这些方面，必须继续研究和学习，以确定在灾难事件应急管理的理论研究中最恰当地使用社交媒体，为理论和实际应用相结合提供严谨支撑。

第三节　主要内容和分析框架

一、主要内容

（一）基于互联网新闻的灾害热点系统的设计与实现

这一部分的研究主要是设计并实现互联网新闻灾害热点的挖掘系统。按照软件工程方法对系统进行需求分析、总体设计，将本系统分成系统管理功能模块、信息提取功能模块、地址管理功能模块、地名词库管理功能模块、热点展示与数据可视化功能模块这五个功能模块。用户可以通过特定的关键词，检索与灾害事件相关的网页信息。通过自定义地名词库，结合中文命名实体识别技术，以实现对网页中的地理位置信息进行标注。使用 Python 语言和 MongoDB 数据库对系统进行开发与实现，并对系统功能进行测试。

（二）基于微博信源的分布式爬虫系统的设计与实现

这一部分的研究主要是设计并实现基于分布式爬虫的社交媒体灾害信息挖掘系统，通过多节点分布式模式高效采集数据，提取出其中的时间特征分布和空间特征分布信息，为灾害治理提供数据支撑。系统使用 B/S 模式，主要包括数据采集层、数据存储层、数据挖掘层和数据展示层。数据采集层以 Scrapy-Redis 框架为基础，以新浪微博平台为数据源。数据存储层包括对原始微博数据进行清洗和将数据存入 MySQL 数据库。数据挖掘层主要提取时间特征信息和空间特征信息。数据展示层是将采集的微博信息和分析处理后的数据信息，以图表等形式进行可视化。最终预计通过四层架构设计完成对社交媒体数据的高效抓取和灾害信息挖掘以及可视化。

（三）基于用户生成内容的灾害热点跟踪系统的设计与实现

这一部分的研究将探讨在严重洪水期间利用用户生成内容及时发现和跟踪城市洪水灾害热点地区的潜力，以典型暴雨事件为案例进行研究分析。采用爬虫、自然语言处理和地理可视化方法，提取特定于严重洪水地区的用户生成内容（User-generated-Content，UGC）。此外，探索利用科学的测量数据（例如水位、数字高程模型和降雨），来验证网络上的地理标记内容的质量。

（四）网络媒体与城市洪涝易感性评价的融合案例分析

这一部分的研究将选择重大典型的城市洪水事件为案例，利用互联网媒体对非科学家的观察来捕捉城市洪水的空间分布。其中包括在线新闻、博客、BBS 和政府网站上的各种消息来源。将降雨、湿地退化、海拔、土地利用和土地覆盖、曲率、坡度、归一化差异植被指数等独立洪水相关因素整合到 logistic 回归模型，生成敏感性图。通过与官方的淹没图和以往排水系统设计的缺点，评价该模型的可行性和准确性。通过受试者工作特征曲线分析进行准确性评估。

第一章 导论

（五）洪涝灾害网络媒体响应机理分析

这一部分的研究将选择典型洪涝灾害城市地区为研究区域，运用地理信息技术、景观学、土地管理和城市规划相关知识，基于历史图片和多年期遥感影像，结合相关的社会经济资料，开展土地利用类型时空演变过程分析研究。以此为基础，对社交媒体中研究区域的内涝灾害信息进行挖掘，发掘内涝灾害数据并深入探讨城市土地利用变化和洪涝灾害之间的关系，为进一步降低内涝灾害风险的城市土地利用开发策略的制定提供决策依据。

二、分析框架

本书采用的分析框架，包含UGC数据源、数据检索/清洗/集成、数据仓库、数据挖掘/可视化决策支持应用情景、应急管理等（见图1-1），将其作为决策依据应用于风险评价、灾情监测、舆情跟踪、热点识别、动态推演、致灾机理等情景，提升应急管理过程中的减灾、准备、响应、恢复等能力。

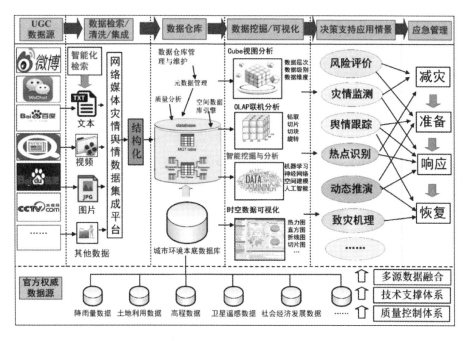

图 1-1 分析框架

第二章 主要关键技术

【导言】

本章主要介绍了系统设计和开发过程中所需要的工具和技术方法，涵盖数据爬取、数据存储与预处理、数据信息挖掘等阶段。主要涉及分布式爬虫技术、数据预处理技术、MySQL 数据库技术、地名识别算法。这些工具和技术方法为系统设计和开发奠定了基础。

第一节 社交媒体定义与特点

社交媒体是基于 Web2.0 技术，允许用户创建个人档案，生成个性化内容、分享并传播信息的网络平台和网络应用的统称。常见的社交媒体包括国内的微信、微博、抖音等，以及国外的 Facebook、YouTube、Twitter 等。社交媒体同时具有社交属性和媒体属性，体现了基于社会交往的撰写、分享、评价、讨论和沟通的鲜明特点，使得人们的信息获取方式以及沟通交流方式都发生了显著的变化。

相对于传统媒体，社交媒体作为一种新媒体，依托移动互联网技术呈现和传播信息，以参与、公开、交流、对话、社区化、连通性为特征，允许用户接收、创造和交流内容，实现撰写、分享、评价、探讨和互相交流信息。同时，随着互联网技术的发展和 5G 时代的来临，大数据受到了越来越多的关注。作为一种时空大数据，社交媒体数据具有实时性和位置服务的特点，已经成为灾害管理的研究对象之一，将社交媒体数据应用到灾害事件的应急管理中，有助于提高应急管理的效率。

◆ 第二节 搜索引擎

搜索引擎是根据用户需求与一定算法,运用特定的计算机程序从互联网上检索信息并反馈给用户的一门检索技术,包括全文索引、目录索引、元搜索引擎、垂直搜索引擎、集合式搜索引擎、门户搜索引擎等,可以帮助城市公民、科学研究人员和城市管理决策者等利益相关者从网上快速获取灾害信息的图片和文本。搜索引擎依托多种技术进行快速的信息检索,网络爬虫技术是核心模块之一。谷歌、百度、搜狗等搜索引擎均可采用网络爬虫技术,从开放的 Web1.0 和 Web2.0 资源中快速检索相关网页的特定事件。

◆ 第三节 分布式爬虫技术

一、分布式爬虫基础理论

网络媒体平台的大量数据中蕴含着丰富的价值,对网络媒体数据进行采集需要用到网络爬虫技术。网络爬虫是一种可以根据用户需求抓取网络数据的程序,按照一定的规则自动浏览、检索网页信息,通过初始 URL(Uniform Resource Locator,统一资源定位符)链接获取特定 URL 网页上的信息,将有效信息进行存储,同时分析并过滤出该网页信息中的新 URL 加入到待爬取的队列中,不断重复这个过程直到数据信息全部爬取完成。网络爬虫按照技术和性能等,可以分为通用网络爬虫、聚焦爬虫、增量式爬虫和深层网页爬虫四大类。

传统的单机爬虫在本地逐个网页进行爬取,只能在一台电脑上运行,效率较低,难以满足数据量庞大的网络媒体平台的信息检索,因此需要用到分布式爬虫技术,使用多台机器多个节点同时执行任务,提高数据采集效率。分布式爬虫是指多台计算机上都安装爬虫程序,共享队列并去重,让多个爬虫不爬取其他爬虫爬取过的内容，从而实现联合采集。早期典型的分布式爬虫应用是可以同时运行 64 个爬虫的 Internet Archive Crawler，每个爬虫只爬取单一的网站，能够减少重复工作。目前比较流行的分布式爬虫框架有 Mercator、UbiCrawler、Nutch 等。国内使用较多的分布式爬虫主要是各大公司的引擎，比如 360 搜索引擎、百度搜索引擎等。

分布式爬虫程序更复杂，配置更烦琐，成本也更高。但分布式爬虫使用多台机器同时爬取，提高了速度和效率，也避免了一台机器出现故障后导致全部程序无法运行的情况，提高了爬虫的稳定性。不同机器的不同 IP 在一定程度上可以抵御反爬虫，因此分布式爬虫运用于大型爬虫有独特的优势。常见的分布式爬虫主要有主从式架构和对等式架构。主从分布式架构中有一个主节点和多个爬虫子节点，其中主节点负责维护要爬取的 URL 列表，并将 URL 爬取的任务分配给响应的子节点，而子节点则需要根据 URL 进行数据爬取。主从分布式的重点在于主节点如何进行任务分配，以保证各个爬虫子节点的负载均衡，要求主节点既要维护 URL 列表，也要进行 URL 的分配，是效率提升的关键。分布式爬虫主从分布式架构如图 2-1 所示。

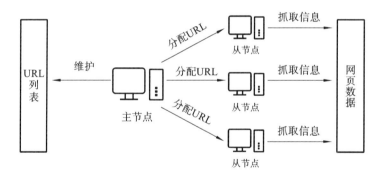

图 2-1　分布式爬虫主从分布式架构

对等爬虫结构则没有主节点，全部爬虫节点都是处于相等的地位，都可以直接从 URL 列表中获得爬取任务。为了避免同一个 URL 任务被多个节点获取造成资源的不必要浪费，一般采取哈希取模或者哈希一致性的算法来解决。哈希取模的方法是，将 URL 对应网站域名计算得到的哈希值对节点的个数取模，最终得到结果 result，表示这个 URL 将由编号为 result 的节点来进行爬取。哈希一致性原理类似，但是并没有取模，而是将 URL 对应的网站域名计算的哈希值进行哈希映射，映射成某个范围，如 0-Y 之间的数，而每个节点只负责爬取其中一小段，如节点 1 负责 0-Y1 之间的 URL，节点 2 负责 Y1-Y2 之间的 URL，(0＜Y1

<Y2<…<Y)。分布式爬虫对等分布式架构如图2-2所示。

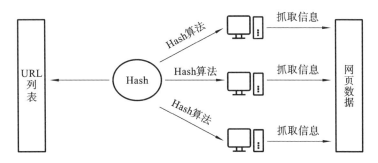

图 2-2　分布式爬虫对等分布式架构

对于灾害热点的信息收集，我们可以使用网络爬虫工具，来获取新闻媒体对于洪涝信息的报道。使用带有特定时空属性的关键词（如在哪里、是什么、什么时候），网络爬虫技术可以查找特定时间和地域范围的灾害事件信息。同时，网络爬虫工具能够有效地获取那些描述灾害状态的网页，并且自动下载指定灾害事件的网页内容。采用不同的关键词以及它们的组合来获取网页内容，这些关键词都是与灾害事件发生的地理范围或者特定城市相关的限定词。例如，查询内容包含至少一个地理位置相关的术语（如国家、城市的名字）和灾害事件（如洪涝、水涝等），这些关键词组合被用来获取网页内容；一些同义词或常用的描述洪水事件的词语，如"暴雨"、"淹没"、"洪水灾害预防控制"和"暴雨"等，也可以作为关键词查询网页结果，增加搜索结果的条数。

二、Scrapy-Redis 框架

Scrapy 是一个简单稳定的单机爬虫，用于抓取 Web 站点并从页面中提取结构化的数据，但在数据量大的情况下难以满足信息检索需求，因此将 Scrapy 框架结合 Redis 数据库形成的分布式爬虫技术产生了。Redis 数据库可以使得多个 Spider 爬虫共享 URL 队列，并且可以通过原生的集合对 URL 进行去重，这是它能进行分布式爬虫的关键核心。

Scrapy-Redis 框架本质上是 Scrapy 与 Redis 数据库的结合，由 Scrapy 进行爬虫，Redis 进行爬虫任务的管理。Scrapy-Redis 框架有如下六大模块：一是连接配置模块，主要负责各个节点与 Redis 的通信，会实例化一个 Redis 客户端连接，并在读写 Redis 数据库时使用这个实例；二是去重模块，主要负责将 Request 请求去重，通过 Redis 的无序集合不允许存入相同数据的特点来实现这一目的，如

果不重复,那么将 Request 请求加入到 Scrapy-Redis 的队列 Queue 中;三是队列,主要负责请求 Request 的存取,有先进先出的 Spider Queue、带有权重的队列 Spider Priority Queue、后进先出的 Spider Stack 三种类型,目前默认的一般是权重队列;四是管道,与 Scrapy 中的管道一样,对解析出来的 item 数据进行处理;五是调度器,原始 Scrapy 框架中调度器的扩展版,可以实现数据的分布式发布;六是爬虫,作为爬虫的管理模块,可以确定各个爬虫 Spider 的优先级,也可以掌握各个爬虫的状态,从而控制其向引擎发送 Request(请求)的时机。

Scrapy-Redis 框架的工作流程分为以下步骤。首先是主节点引擎将初始 URL 传给调度器,调度器将 URL 进行处理后生成 Request,加入到 Redis 队列中。接下来各个子节点会定时访问 Redis 的任务队列,如果列表中有任务,则会从队列中提取爬虫任务,并通过调度器交给 Spider 去执行。如果为空,那么爬虫停止。子节点执行任务后,会对返回的网络数据进行解析,并将结果信息返回给主节点。返回给主节点的信息主要包含两种。一种是新提取到的 URL,主节点会将其交给调度器处理,如果不重复,那么会生成 Request 加入到 Redis 队列中;如果重复,则会忽略。另一种是所需要的 item 数据信息,主节点会将其传给管道进行清洗、存储等处理。最后,步骤 2 至步骤 4 一直重复,直到任务队列中的 Request 为空。Scrapy-Redis 框架的工作流程如图 2-3 所示。

三、反爬虫技术

被滥用的网络爬虫有可能导致站点的流量激增或者站点的相关数据被大面积获取,可能会给站点带来运营风险或损失,为了防止网站遭到网络爬虫攻击,反爬虫技术应运而生。反爬虫是指对扫描器中的网络爬虫环节进行反制,利用反制策略来阻碍或干扰爬虫的正常爬行,间接地起到防御的作用。识别出爬虫机器人并限制它们的行为,是反爬虫技术的核心。

当前主要的反爬虫方法有三种类型:一是通过访问的请求字段进行爬虫的识别;二是通过用户的行为进行识别;三是增大网页内容获取的难度。通过访问的请求字段对爬虫进行识别,主要是通过检测 Headers 字段实现的。一部分网站会检查 Headers 中的 User-Agent 字段信息。有的则会检测请求字段中的 Referer 值,有的还会检测 cookies。针对这种类型的反爬虫措施,可以提前在浏览器中打开相应的网页,将相关的字段值进行复制,在程序代码中将参数进行替换,这样可以绕开爬虫检测。

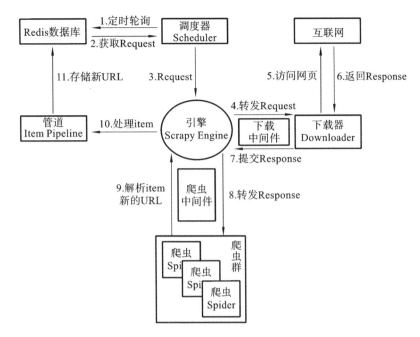

图 2-3 Scrapy-Redis 框架的工作流程

通过用户行为识别爬虫，最常见的就是同一个 IP 或者同一个账号在短时间内多次访问同一个网站，这种用户行为很容易被网站管理者识别为爬虫。网站对于这样的行为很可能会封掉爬虫的 IP，使该 IP 地址的机器无法访问网站从而导致爬虫失败。对于这种反爬虫措施，解决思路有两种：一种是降低访问的频率，在访问时间差上尽量模拟真实用户的行为习惯，但是这样会导致爬虫效率的降低；另一种是使用代理 IP，每次访问的时候先将请求转发到代理服务器，然后使用代理服务器的 IP 去访问网址，这样每次链接网站都是用不同的 IP，使网站管理者误认为这是多个用户的行为，从而躲避反爬虫限制。

提高网页内容获取难度，可以通过 Ajax 加密和账号登录等方式实现。大多数网页使用 JavaScript、Ajax 等技术，可以通过解析网络请求进行爬虫。但是如果 Ajax 进行了参数加密，那么正常的爬虫就获取不了数据。有的网站还需要登录后才能显示数据信息。因此针对这类反爬虫措施，需要使用 Selenium 和 Phantom JS 技术。Selenium 是自动化测试的一个框架，在处理爬虫问题时，可以模拟人的操作，直接从页面中解析数据，不用考虑具体的请求和响应。Phantom JS 是一种没有界面的浏览器，在获取页面信息的同时不用对页面进行渲染，可以提高爬虫的速度和效率。

第四节 地理命名实体识别与数据挖掘

微博文本中蕴含着大量中文地名,提取出其中的地名有利于我们对灾害进行时空分析。目前主流的地名识别方法需要对网络的文字信息进行自然语言处理,并采用人工标注、基于支持向量机的算法和基于前后缀的算法对地理命名实体进行识别。

常见的灾害属性信息抽取的方法有如下四种。

(1) 基于本体语义的方法。本体方法论一般具有极强的领域性,重点在于建立一个事件与相关信息之间关系的语义关系模型。建立语义关系模型,需要建立灾害本体模型并形成灾害领域的词典库,尝试用模式匹配的方法对地理位置进行识别和提取。

(2) 使用机器学习的算法。此类方法通常是基于统计模型的分类问题,重点在于选择合适的特征和分类器,需要质量较高的数据集。常用的机器学习方法包括最大熵、条件随机场、隐马尔可夫模型和支持向量机等。

(3) 基于规则的方法。该方法需要手动建立规则和特征,比如中心词、指示词、特定的标点符号、结束词等。常规的识别方法为正则匹配和模式匹配。这一方法比较依赖于词库的建立,词库的完整性直接决定了结果的准确率。因此使用基于规则的方法来识别地名时,前期需要花较多的精力在构建完整全面的地名库上。并且,由于需求、国家文化和研究领域的不同,知识词库无法适用于所有情况。

(4) 多种方法混合。仅仅只使用规则方法或者机器算法来实现地名的识别,存在较为明显的缺点和不足。因此目前的研究多采用两者相结合的方法,融合地名知识词库和机器学习算法,采用模型层级训练的方式。

一、自然语言处理

自然语言处理是计算机科学和计算语言学中的一个领域,以语言为对象,利用计算机技术来分析、理解和处理自然语言,用于研究人类语言和计算机之间的相互作用,重点是帮助计算机利用信息的语义结构来理解含义。在自然语言处理的过程中,中文文本需要通过分词获得单个的词语,Jieba 分词是常用的高效中文分词工具。

Jieba 分词根据预先定义的地名库,对文本进行拆分,有精确模式、全模式和搜索引擎模式三种模式。Jieba 分词工具的亮点在于,可以根据用户自定义的词库,不断优化分词的结果。并且,针对识别难度较高的地名,可以单独进行词库增加或者词频调整,以优化分词。Jieba 分词流程如图 2-4 所示。

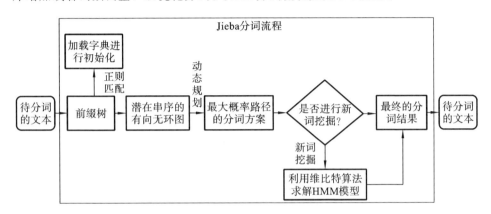

图 2-4 Jieba 分词流程

二、支持向量机

支持向量机(Support Vector Machine,SVM),是基于统计学的机器学习方法,按监督学习的模式对数据进行二元分类,基于此可以将支持向量机作为分类器,把文本中的中文分为地名和非地名两类。在进行地名识别的过程中,首先需要建立语料库,人工标注出其中的地名和非地名,然后对其进行特征提取。特征提取主要是选取该词的上下文的词性和地名标注来进行,另外由于中文位置一般有前后缀的特征(比如小区、街道、路等),因此还可以在特征提取时加入地理前后缀名作为置信度的特征,可以通过人工构建前后缀词表来进行,并可以随着训练集的不断增多而扩充。基于以上条件,可以用模型算法计算出文本中第 i 个词的置信度 $p_h(w)$ 如下:

$$p_h(w) = \frac{p_{h0}(w)}{\sum p_{h0}(y)}$$

$$p_{h0}(w) = \log_2(C_{(w)} + 2)$$

其中,y 是地理位置后缀词,$C_{(w)}$ 是这个词的出现次数。

通过支持向量机模型和大量的语料库，对中文文本分词后的特征进行分析，得出置信区间，进而判断词语是否地名。利用支持向量机对中文命名实体进行识别，对训练中的每个字进行分类标注及词性标注，然后抽取单字本身、词性、该字是否在地名特征词表中以及上下文为属性作为特征矩阵，建立训练集，得到用支持向量机识别中文命名实体的模型。

SVM 的基本思想是：对线性可分的样本集 $S=\{(x_i, y_i), x_i \in X, y_i \in \{+1, -1\}\}$，找到一个最优的分类面，该分类能正确标注训练集，计算到最近样本点的距离，最终选择的最优分类是使得该距离最大的那条直线。求最优分类超平面的问题形式化表示如下：

$$\min \frac{1}{2} \|w\|^2$$

$$\text{s.t.} \ y_{i(wx_i+b)} \geq 1; i=1,2,\cdots,n$$

可用拉格朗日乘子法将其转化为对偶形式：

$$\max \sum_{i=1}^{n} a_i - \frac{1}{2} \sum_{i,j=1}^{n} a_i y_i a_j y_j (x_i \cdot x_j)$$

$$\text{s.t.} \ \sum_{i=1}^{n} y_i a_i = 0; a_i \geq 0; i=1,2,\cdots,n$$

$$w = \sum_{i=1}^{n} y_i a_i x_i$$

对于上述问题，针对线性不可分的情况可以增加松弛项。

在采用机器学习算法识别地名的过程中，其识别过程转换成对网页文本内容的标注过程。网页文本内容在算法模型中可作为训练语料，需要选择特定的特征属性训练模型。通常来说，可以选择单字多字、词性、地名起始位、地名后缀位、中心词、标记位、上下文参考信息等作为特征属性。当采用 SVM 算法时，可以选择合适的核函数来建立 SVM 模型。

尽管机器学习算法可以通过大量的训练集和模型的迭代，较为准确地识别大多数常规地名。但是在日常应用中，仍然存在少数难以识别、不符合常规的地理名称。对于这样的情况，可以将机器学习算法和人工构建的地名知识库结合起来进行识别。

其置信度 $p_h(w)$ 的计算方式如下：

$$p_h(w) = p_{h0}(w) / \sum p_{h0}(y)$$

$$p_{h0}(w) = \log_2(C_{(w)} + 2)$$

其中，y 是作为地理名称后缀出现的词，$C_{(w)}$ 是该词出现的次数。因此，需要初始化人工手动构建地理名称后缀词表，后续再不断进行更新操作。

三、基于地名特征的前后缀算法

前后缀算法，是先构造一个前后缀词典，这个词典可以由人工制作，将常用的地名前缀或者后缀词语（比如"位于""坐落"等词属于前缀词，"大道""小区"等词属于后缀词）放置于一个词典文本中。然后将中文文本进行分词，得到相关词语列表，并按顺序与前后缀词典进行匹配。在判别第 i 个词语 w 是否是地名时，只需看第 $i-1$ 个词是否前缀词或者第 $i+1$ 个词是否后缀词。相关计算公式如下：

$$p_i(w) = f_{(i-1)}(w) \mid f_{(i+1)}(w)$$

前后缀匹配的算法最核心的是制作前后缀词典以及如何对文本进行词语分词。在制作前后缀词典时，参考中国地名库表 SpName，地名特征词表 SpNamSpecialWord 以及地名前部词表 SpNameChar，尽可能多地找到地名前后缀特征，以满足地名挖掘的需要。对文本进行分词可以选择用 Jieba 分词工具，Jieba 分词工具有精确、搜索引擎和全模式三种分词方法，并且可以根据用户自定义的词库进行词语的割分，保证词语的适当粒度粗细，避免较长的地名被切分为多个词语。城市的行政区域地名可以通过行业网站，如中国物流行业网，将获取到的城市相关地名进行转换，并将其封装成 Jieba 分词的词语库。通过这一步操作，尽可能将所有地名匹配出来。Jieba 分词的速度比较快，并且算法简单，比较适合短文本的分词，因此往往采用 Jieba 分词进行前后缀词语匹配。

四、隐马尔科夫模型

在常用分词方法中，我们常常采用根据结果序列反向求取其概率的方法。这种方法的实质是考虑字符串的内部构成规律，很少考虑到上下文语境对分词结构的影响。就算有考虑到语境，也只是将其作为补充算法，对求得的概率做微小的调整而已。

对于中文命名实体识别这一应用，我们常常采用隐马尔可夫模型（Hidden Markov Model，HMM）做处理。分词问题就是对句子中的每个字进行词性标注。词性标注可分为四类：B（词的开始），M（词的中间位置），E（词的结束位置），S（单个字的词）。

句子标注结果示例如下：我＼S 想＼S 去＼S 乌＼B 鲁＼M 木＼M 齐＼E，其中地名乌鲁木齐可以通过该标注方式进行识别。思维的转换很重要，下面对中文分词进行形式化描述。

设观察集合 $O=\{o_1, o_2, \cdots, o_l\}$，状态集合 $S=\{s_1, s_2, \cdots, s_k\}$

根据已知的观测序列 $X(x_1, x_2, \cdots, x_n)$，求其对应的状态序列 $Y(y_1, y_2, \cdots, y_n)$

通过条件概率的公式 $P(Y|X) = (P(X|Y)P(Y))/(P(X))$，HMM 模型的使用建立在如下假设之上：对于任何一个随机事件，有一个观察值序列（可见状态链）和一个隐含的状态序列（隐含状态链）。

HMM 模型的性质是现在的状态与过去独立，因此下面的假设都是基于此性质而设立的。

假设 1：当前状态序列只和前一个状态有关。

$P(y_i|x_1, y_1, x_2, y_2, \cdots, x_{(i-1)}, y_{(i-1)}) = P(y_i|y_{(i-1)})$

假设 2：输出独立性假设，即任意时刻的输出结果仅与当前状态有关。

$P(x_i|x_1, y_1, x_2, y_2, \cdots, x_{(i-1)}, y_{i-1}, y_i) = P(x_i|y_i)$

由于对应特定问题，$P(X)$ 是一定的，因此根据上述假设，很容易计算 $P(X|Y)P(Y)$。

五、本体论地名识别

基于本体论方法的地名识别，是以自然语言处理为基础，引入地名本体，建立概念关系库，运用地理信息领域的知识构建所属的本体，利用构建的地理信息本体进行概念替换、信息匹配等操作，最后识别出地理文本。本体论地名识别流程如图 2-5 所示。

前文介绍了中文命名实体识别中的常用方法，考虑规则和统计相结合，可以采用的方法是用 Jieba 进行分词与词性标注。Jieba 分词器是一个完全开源的工具包，采用 Python 进行编写。对地名识别采用词典与隐马尔可夫模型相结合的方法，具有速度快和高识别率的优势，是典型的规则与统计相结合的方法。通过前期对于解析地名库的优化，形成了初始的粒度较大的地名库，并将该地名库作为自定义词典添加到 Jieba 分词器中。在进行分词与词性标注时，可以根据该词典很快地将相关地名识别出来。

第二章 主要关键技术

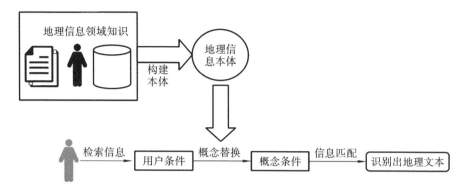

图 2-5 本体论地名识别流程

◆ 第五节 数据存储与预处理

一、MySQL 数据库

MySQL 是一个基于关系型结构的数据库,也是目前最流行的数据库之一。MySQL 可以支持多种操作系统,也为各种编程语言提供了丰富的 API。

MySQL 将数据存放在多个不同的表中,提高了访问、存储速度和灵活度。并且 MySQL 数据库采用存取和查询分离的架构模式,使 MySQL 数据库在不同情景下性能都能保持良好。MySQL 架构分为三层:第一层主要是连接、身份验证和安全性等任务的处理;第二层是 MySQL 的核心,这一层主要完成权限判断、sql 解析、内置函数等在底层数据处理之前的工作;第三层包括存储引擎,主要负责存储和获取数据。

二、数据预处理

海量的社交媒体数据往往存在着不完整、有异常的数据,尤其是关于坐标和时间的数据,有可能导致数据挖掘结果出现偏差,因此在爬取到社交媒体数据之后需要进行数据预处理。数据预处理有四种方法,分别是数据清洗、数据集成、数据变换、数据规约。本系统中主要使用数据清洗和数据变换。

数据清洗是指发现并纠正数据文件中可识别错误的一道程序，包括一致性检查、重复数据的删除、无效值和缺失值的处理等。对于无效数据和重复数据可以直接删除。对于数据缺失的情况，既可以采用直接删除的方式，也可以在不影响结果的情况下选择忽略，或者对数据进行插补。插补的方法很多，比如取某些数据的平均数、中位数等来取代缺失的数据，或使用某个常量或记录中与缺失样本最接近的样本的属性进行插补，或使用回归模型来预测缺失值等。

数据变换主要是将数据变得更规范，把数据转化成需要的形式，以满足挖掘任务的需要。数据变换没有特定的规则，对不同的需求应采用针对性的数据变换方法。这些方法包括简单的函数变换，如对原始数据进行平方、取对数等函数变换；或对数据按照比例进行缩放，映射到某个特定区域比如［－1，1］之间；也可以将连续的数据进行离散化等。

三、MongoDB 数据库

大规模数据库管理系统是海量信息数据索引操作的重要组成部分，海量数据的控制与处理都是基于该系统来实现的。为了解决海量数据对数据库的高并发读写要求，目前的主流数据库均有以下特点：存储效率高、可扩展性强以及可用需求较好等。当前的数据库均具备数据分布式存储和操作的功能，主要分为以下两种：一是关系型数据库（RMDB，Relational Database），主要包括 Oracel、DB2、Microsoft SQL Server 等，支持复杂查询的同时事务支持性能较好；二是非关系型数据库（NoSQL，NotOnlySQL），主要包括 Facebook 的 Cassandra、Apache 的 Hbase 等，凭借键值对的数据结构不仅提高了可扩展性，而且大大减少了系统冗余，支持业务多变的场景。随着网络服务的日益增长，非关系型数据库应运而生，以解决海量非结构化的数据存储处理和分析。谷歌构建的 BigTable 平台、亚马逊构建的 Dynamo 平台、Apache 的 Hbase 等都是非关系型数据库的成功代表。

网络媒体上发布的灾害热点信息数量巨大，需要实时更新，为了便于对得到的灾害热点进行更为方便的分析，可以使用数据库管理系统对热点数据进行存储。可以选择的数据库包括 MySQL 或 MongoDB。

MongoDB 是一个面向文档存储的开源数据库，采用嵌套的数据模型。一个数据库包含了多个集合（Collections），每个集合是由多个文档（Document）组成，文档采用 JSON 格式，并且每个文档对应着多条记录（又称字段），字段的数据结构即是键值对（Key-ValuePair）。MongoDB 的数据逻辑结构如图 2-6 所示。MongoDB 的集合由一组文档组成，类似于关系数据库表。MongoDB 是模式自由（Schema-Free）的，即对最底层的字段结构不作强制要求，不需要预先定义集合里的字段结构，在同一个集合里可以存储不同结构的文档，并且可以随时对文档进行增删字段的操作，在数据库运行时也可以进行这些操作。

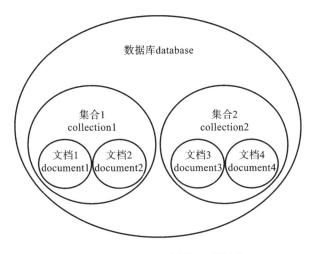

图 2-6　MongoDB 的数据逻辑结构

第六节　数据可视化技术

一、Matplotlib

数据可视化技术，使得数据通过图形等方式展示其分析的结果，更加有利于评估结果的准确性。将数据进行可视化展现，有利于分析者挖掘数据背后的深层含义。

Python 中常用的数据可视化库主要有 Matplotlib、Bokeh、Pygal、Plotly、Seaborn 及 ggplot。Matplotlib 是一个基于 NumPy 的 2D 绘图库，它以各种硬拷贝格式和跨平台的交互式环境生成出版质量级别的图形。在 matplotlib.pyplot 模块中，有许多封装好的绘图接口。Seaborn 及 ggplot 库是以 Matplotlib 库为基础进行构建的。Matplotlib 用于数据的可视化，可以将数据分析结果直观展示，便于数据分析结果的解释和评估。利用 Matplotlib 库，通过编程可以方便绘制直方图、折线图、饼图、散点图及雷达图等。本文在对洪涝灾害热点的数据分析结果进行可视化时，通过调用 Matplotlib 绘图库，先以日期或地理位置为横轴，以对应的网络灾害热点的报道频次，绘制折线图，展示出灾害热点的报道频次随时间的变化规律和不同地理位置之间的联系。

Pandas 和 Matplotlib 都属于 Python 中的开源工具包，其中内置了关于数据可视化的模块，调用这些模块中的函数，可以进行相关图形的可视化操作。利用 Pandas 和 Matplotlib 进行可视化，需要相关代码来支撑。

二、ECharts

ECharts 是一个免费的、功能强大的、可视化的库，支持多种浏览器，它可以非常简单地往软件产品中添加直观的、动态的、高度可定制化的图表。它是一个全新的基于 ZRender 的用纯 JavaScript 打造完成的 Canvas 库。ECharts 提供了丰富的 API 及文档，通过合理设置并结合后台传送的 json 格式数据，即可展示所需的数据主题。

ECharts 拥有可视化类型丰富、多种数据格式无须转换直接使用、千万数据的前端展现、移动端优化、多渲染方案、跨平台使用等特点。与其他开源的数据可视化工具相比，ECharts 主要有以下特点。

（1）引入简单，配置便捷。开发人员仅需在视图层面引入 ECharts 的 js 文件，即可通过 Ajax 调用后台的模型层以及控制层，传递需求和回送结果。Echarts 提供了丰富的图形展示控制手段，通过 option 设定即可控制数据展示形式、值域以及其他控制细节。

（2）图表种类丰富。ECharts 底层依赖开源渲染引擎 Zender，支持 Canvas 方式渲染，拥有包括柱状图、雷达图、地图在内的可视化图表类型，能够提供坐标系、时间轴、工具箱等多个交互式组件。通过 Ajax 技术以及自身事件机制，可实现数据主题图形与后台的数据联动，增强了数据整合及挖掘的能力。

（3）数据轻量化传送。ECharts 图形组件支持 json 格式数据的异步加载，随着版本迭代发展，其常见图表已经支持千万级数据的渲染，能够为软件使用人员提供较好的性能体验。

三、Arc GIS API for JavaScript

Arc GIS API for JavaScript 是一个 WebGIS 二次开发的地理可视化的脚本语言。出自美国 Esri 公司，是 Esri 的 ArcGIS Runtime SDK 家族中的一员，并不是纯 js 写的库。它能制作在线地理信息系统平台，能做数据分析、空间分析、数据展示等。我们常用 ArcGIS API for JavaScript 来完成以下需求：

(1) 快速创建交互式的地图应用；

(2) 调用 ArcGIS Server 服务，提供专业的分析结果；

(3) 调用 ArcGIS Server 的 REST API，提供显示、查询、分析等功能；

(4) 可以同时调用多个 ArcGIS Server 的服务，轻松实现 Mashup。

ArcGIS API for JavaScript 支持多种成熟的框架，比如 Dojo、JQuery、Ext、Prototype 等，也支持多种开发方式，非常成熟稳定。当前地理数据可视化系统采用的是 ArcGIS API for JavaScript 的方式。ArcGIS API for JavaScript 的组成如图 2-7 所示。

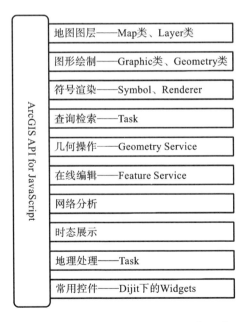

图 2-7　ArcGIS API for JavaScript 的组成

实现地图图层功能的主要是 Map 类、Layer 类。Map 类是最核心的类，一个地图对象需要通过一个 DIV 元素才可以添加到页面中。Layer 类是图层类，用来添加相关图层。实现图形绘制功能的主要是 Graphic 类、Geometry 类，可以完成绘制图层要素的功能，如点、边、线、形和几何体等对象。实现图形渲染功能的主要是 Symbol、Renderer。Symbol 用于渲染要素的图形，如点符号、线符号、填充符号等。

四、Excel

Excel 同样具有强大的数据处理能力和图表制作功能，特别是在图表制作方面，它能够支持多种不同基本类型的图表。使用 Excel 进行可视化，可以直接使用 Office 的可视化界面进行操作。比较简单方便，且可操作性强。Excel 中可利用一些图表方面的技巧，对于热点问题分析非常直观有效。Excel 中有一些常用的基本图表类型，如柱形图、条形图、折线图、散点图等。

Excel 中的柱形图是竖直条形，而条形图是水平条形，二者用法类似。常用来表示一组或几组分类相关的数值，显示各个项目之间的比较情况。一般用横轴表示分类的项目，用纵轴表示该项目对应的数值，柱形图的高度表示该类项目的数值大小。这种显示方式直观地显示了各个项目值的大小，常用于不同项目直接做比较。折线图是将图表中各点之间用线段相继连接起来而形成的连续图形，图中各点的高度代表该点的数据值，它一般用来描述某一变量在一段时间内的变动情况，能较好地反映事物的发展趋势。一张折线图中可以同时反应多个项目的趋势情况，可用不同颜色来区分。

不同类型的图表因其自身存在的特点，适用的情况也存在差异。因此，在使用图表可视化数据之前，应首先明确具体的需求并分析数据类型，这样才不会因为盲目选择图表制作工具而导致图表制作不合理。

第七节　Web 框架

Web 框架是用于进行 Web 开发的一套软件架构，大多数 Web 框架提供了一套开发和部署网站的方式，使用 Web 框架已有的功能可以完善大部分业务逻辑外的功能。Django 是目前 Python 的主流框架之一，由 Python 语言编写，是一个免费开源的、具有完整架构能力的高级 Web 框架。

在软件工程领域，众所周知，MVC是经典的软件架构模式，全称为Model-View-Controller（模型-视图-控制器）模式，具有低耦合、高重用性以及开发成本低等诸多优点。借鉴MVC的思想，Django是基于MTV的软件架构模式来设计的。M全拼为Model，和MVC软件框架中的Model功能一样，都是负责数据的交互以及数据的处理，是Web框架与数据库连接交互的桥梁；T的全拼为Template，对应于MVC中的View，主要负责封装构造要返回的HTML（Hyper Text Markup Language，超文本标记语言）；V的全拼为View，和MVC中的Controller模块功能相同，负责实际中的业务逻辑的实现，接受用户请求，调用封装好的逻辑方法进行业务处理，并返回应答。除了以上三个模块之外，Django还配置了一个URL分发器，将不同的URL页面请求发送给不同的View做处理，然后View再调用相应的Template以及Model。

和MVC一样，这种设计本质上都是为了使得各个模块保持松耦合的关系，因此Django继承了MVC的诸多优点。Django主要拥有以下优点：

（1）经过十多年的发展，Django已经配备了十分完备的开发文档，文档查询十分便捷；

（2）对于Web服务开发，Django功能配备齐全且精简；

（3）具备灵活高效的URL映射以及丰富的Template模板；

（4）对于Django，只需要简单的配置便可以免费获得一个后台管理系统。

对于Python语言开发人员来说，使用Django来开发网站是十分便捷的，编写少量的代码就可以完成开发一套完整网站所需要的大部分内容，然后对其进一步加工，最后开发出一整套的Web服务。

第三章 基于互联网新闻的灾害热点挖掘系统设计

【导言】

网络媒体快速发展，门户网站、网络论坛（BBS）等互联网应用在 Web1.0 时代已经诞生，这些网站包含了超链接在一起的静态内容，比如网易、搜狐、百度等网站，作为"只读"的信息展示平台，拥有使用户可以检索特定信息的目录，产生了大量网页内容和数据。同时，随着"融媒体"时代的到来，传统媒体与新媒体得到了更好的整合，丰富的资源和多元的内容在网络媒体空间中进一步发展和突破。本章针对网络媒体中的网页形式报告，设计了基于互联网新闻的灾害热点挖掘系统，将网络媒体中的网页链接作为重要的数据来源，以识别网络上的洪涝热点。

◆ 第一节 系统需求分析

作为软件开发过程的重要组成部分之一，需求分析是系统的开发、设计与实现的基础。需求分析是开发人员在充分调研的基础上，对系统可行性做出的一种预估分析，具体包含以下步骤：①收集用户提出的基本需求；②分析用户需求，明确方向；③整理需求，利用专业术语将需求进行完整的定义包装，明确功能的实现方法。考虑到需求分析在系统开发过程中的重要地位，同时为了避免在后续的开发设计中走弯路，需要在需求分析阶段准确表达用户的需求，并且在可行性的基础上动态地根据用户需求的变更做出调整。

一、系统功能性需求

（一）系统管理功能需求

系统管理模块是为了保证系统应用的安全性而设立的，系统分为管理员用户和普通用户。并且，系统可以显示用户近期的查询记录，保存在日志文件中。

用户权限管理。系统可通过账号和密码来进行登录。根据用户的权限等级不同，不同的用户拥有不同的系统功能操作权限，登录成功后所具有的操作权限也存在差距。对于普通用户来说，不提供对于地名词库的上传的修改权限；管理员用户可以修改本系统的相关设置文件。但是，对于所有用户来说，均可满足灾害热点这一功能。

用户日志管理。用户输入特定的关键词即可查询网络上的相关信息，对于每次的查询，系统会自动记录并保存该用户输入的关键词，并且在用户登录成功后，在页面右侧显示近期查询到的 10 条关键词。

（二）信息提取功能需求

互联网平台上信息的呈现方式是网页，用户可以根据输入的 URL 链接或者域名地址进行页面内容的浏览。互联网平台上的网页布局风格各不相同，大致可分为以下模块：导航栏、内容主题（文字说明、图片、视频、网页链接）、广告和推广活动、网页版权信息说明等。虽然不同平台的网页所具有的模块大致相同，但是关于这些模块的布局风格不尽相同。在确定了想要获取的目标内容后，就要明确该目标内容所属的具体模块，其他模块相对于想要提取的目标内容来说就是噪声。

系统的信息提取功能分为多个子模块，首先需要根据特定的组合关键词在网络上获取与关键词相关的 URL 链接。考虑到其中存在较多重复和无效的链接，比如链接打开提示为 400、404 和 500 等，这些无效链接的存在会给系统的运行增加压力，并且对最后结果的准确性有一定的影响。对于这些无效链接，系统提供了筛选过滤的功能。对于所获取的 URL 链接，可以查看链接的标题、源地址、搜索的关键词、是否过滤以及相关具体操作。通过对标题和源地址的查看，倘若足以判断该链接是与灾害主题无关的，则可直接进行删除操作；若有关，则可直接保留。

在筛选过滤掉无效的 URL 后，需要对链接对应的文本进行灾害热点相关属性信息的识别。对于该功能，根据所上传的自定义地名词库，在网页中识别出存在该地名的所有指定长度的文本，在系统页面中将所有文本显示排列出来。可以对该文本进行查看，并判定该文本中存在的地名是否为灾害事件的发生位置。该功能模块的设计，是为了排除有的网页中虽出现了地名文本，但是该地名文本可能并不一定跟灾害事件相关。

（三）信息提取模块需遵循的相关规则

完整性。这一限定的出现保证了数据各个维度上的完整性。数据库的完整性包括三个部分：域完整性（列完整性）、实体完整性（行完整性）和引用完整性。对于域完整性来说，通常采用 DEFAULT（设定默认值约束）、CHECK（设定检查约束）、FOREIGN KEY（设定外键约束）这三种方式来保证域的完整性；对于实体完整性来说，通常采用 PRIMARY KEY（主键约束）和 UNIQUE（唯一值约束）的方式来保证实体的完整性；对于引用完整性来说，通常采用 FOREIGN KEY（设定外键约束）的方式来保证引用的完整性。

实时性。互联网上的数据更新迭代速度较快，为了精确分析各个时间段的热点状态并获取其发展趋势，对于所采集的数据务必要保证数据的实时性这一特点。为了保证其数据的实时性特点，可采用实时数据库模型、实时 SQL、实时事务调度和内存组织于管理等方法。

有效性。互联网平台上的信息量巨大，更新速度较快。在互联网 Web2.0 这一模式下，用户群体均可自由在互联网上发表言论。发表言论的自由性以及审核制度的缺陷性等特点，导致互联网平台上存在部分无效数据。因此，我们在分析热点问题时，应事先过滤掉无效数据，即在数据中创建检查语句来保存有效数据、过滤无效数据，并且设定数据必须遵守这样的规则。这样不仅降低了数据分析的规模，也保证了数据分析的准确性。

（四）子功能模块需求分析

网页检索。根据不同的关键词组合，可以在网络上爬取与关键词事件相关的网页链接。对于爬取时使用的关键词，系统采用"灾害地理位置＋灾害事件名称"的方式。但是同一个地理名称，可能会有多种说法，并且灾害发生的涉及面也不局限于某一个具体的地理范围。同理，对于同一种灾害事件，也有多种不同的表述方式。举例来说，对于"南湖洪涝"这一关键词，我们可以引申出类似的关键词组合，比如"南湖洪水"，"武汉洪涝"等等。其中"南湖洪水"中的灾害事件"洪水"和"洪涝"为近义词，"武汉洪涝"中的"武汉"这一地理范围包括"南湖"。因此，在使用特定关键词进行网页检索时，可以考虑多使用与关键词近义的词语进行查询。这样，不仅可以获得较多与灾害事件相关的链接，也能提高分析结果的准确性。

主题筛选过滤。主题筛选模块主要展示了网页检索的结果，并提供了快速过滤和筛选功能。首先对于所有获取的链接，我们均根据网页检索的关键词进行分类，也就是说我们可以输入关键词来查看特定的检索链接。页面展示的每一条URL链接，均有对应的链接标题。系统提供了查看源地址功能，可查看该标题对应的具体链接地址。并且，为了方便用户直接操作该链接，系统提供了保留和删除两个功能，并且显示每条链接的操作状态。

灾害信息正文提取。通过用户在主页面上传的自定义地名词库，用户可以按照流程选择标注的功能模块，在该模块系统页面会显示出所有根据地名词库识别出的包含地理位置的文本。

相关属性信息提取。在经过过滤后，系统罗列出包含灾害地理位置的所有文本，在页面进行一一罗列，并且每条文本的出处都可以查看。用户可以点击查看具体文本内容，通过判断，倘若该文本中出现的地理位置名称与灾害事件相关，则可以进行手动标注；反之，则可手动过滤掉该文本，即表示该文本中虽存在地理名称，但并不是灾害发生的地理位置。

信息提取模块功能用例图如图3-1所示。

（五）地址管理功能需求分析

在地址管理模块中，用户可以根据输入的地名，查看该地名下所包含的灾害地理位置。该模块展示了地名，网页检索和灾害信息提取中该地名的出现次数、经纬度以及具体操作。用户点击修改按钮可以修改该地名对应的经纬度，点击删除按钮则可删除该地名，点击导出excel按钮即可导出该地址信息列表，导出格式为excel。

地址管理模块的功能需求描述如下。

地址分类。在该模块，用户对于灾害热点地理位置的生成有两种方式：手工上传地名词库和根据人工标注更新地名词库。并且，每个地名具有所属上级，此功能模块的目的主要是实现对所有标注的地名按照城市不同区域层级分类管理。比如，南湖、光谷等地理位置名称均属于"武汉"这一上级地址。

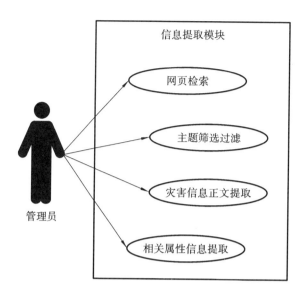

图 3-1　信息提取模块功能用例图

受灾点地址频率统计。根据上传的大粒度的地名词库,结合手动标注地名,可以识别网页文本中的灾害地理位置。对于同一个灾害地理位置,我们可以自动累加其频率,也就是识别到的总次数,方便后续进行数据分析和可视化操作。

受灾地名的经纬度管理。每个识别到的地理位置均有其特定的经纬度,尽管对于同一片区域不同地理位置来说,经纬度的差距甚小,但也存在差距。可以通过该模块手动修改地名位置的经纬度。

受灾地名删除。数据词典中存储的地名信息可以用于帮助使用者从大量的文本信息中进行快速的地址名称匹配,但该地名是可以被修改和删除的,需要删除该地址信息时,可以通过该模块进行地理位置的删除。

受灾地名数据导出。对于识别到的地理位置的所有相关属性信息,在网络上是以表格的形式呈现的。导出地理位置表格这一模块,支持手动下载地名位置信息表格,导出格式为 excel。

地址管理模块功能用例图如图 3-2 所示。

（六）地名词库管理功能需求

基于人工手动创建的基础词库。在对地名进行解析时,我们需要导入自定义地名词库(简称"地名库")。地理解析用于检测和提取与网页文本中出现的洪涝事件相关的地名以及间接地理位置引用等。核心是从网页中识别并提取地址字符串,估计提取出的地址是否存在于候选地名中。地名库的完整性和质量对最终结

第三章　基于互联网新闻的灾害热点挖掘系统设计

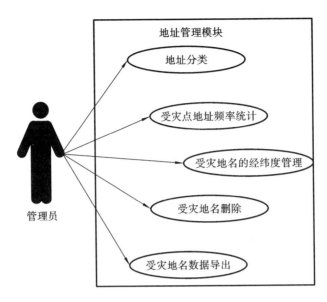

图 3-2　地址管理模块功能用例图

果的质量有影响。

通常情况下,国家一级地名的解析被认为比市一级地名的解析容易,这是因为国家一级地名相对较少。因此,在小范围内,应考虑各种小规模地点,例如街道名称、街道交叉口、社区、广场、火车站和建筑物等。

相较于其他语言,中国地名中的某种内部短语结构可能会暗示其代表着地名。这种语言模式可以为启发式规则提供有用信息,以生成地名和地址列表。一些具体的词语(如"站""码头""别墅""馆""场""街""城""苑/花园""小区"等),代表着房屋建筑、道路和小区的名字等。与包含地址的网页不同,大多数网页都采用州或市、邮政编码、国家或地区的格式。但是,在一些城市范围中,我们发现,这些地址并不是包含三个分区层次州、市、县/村的地理层次树,而是地区、街道/道路、小区和其他属性称号等。因此,这种街道、道路和社区的体系结构,比如社区/花园、小区等,变成了地名识别的显著特征。地名的这些显著特征为应用语言启发式规则创建地名录提供了半自动集成的可能性。

最开始采用的是街道名称、街道交叉口、社区、广场、火车站和建筑等具体地名,比如光谷大道、青山区等,通过大量文献进行人工统计频次,并手动标注地理坐标。人工统计地名库如图 3-3 所示。

(七)基于小粒度的词库优化处理

在小规模范围内,我们必须面对的一个问题是,地名库可能是不完整的。一

地点	频次	X1	Y1	附加	X2	Y2	附加	X3	Y3
南湖片区	98								
洪山区	44								
南湖雅园	41	114.347325	30.505474						
风华天城	27	114.330007	30.511155						
光谷	21	114.405856	30.512055						
书城路	12	114.341682	30.501196		114.347395	30.513486			
金地格林小城	11	114.340502	30.506848		114.339568	30.503612		114.334574	30.504421
武昌区	10								
南湖假日	10	114.36318	30.510163						
武昌府	9	114.335424	30.507668						
文治街	9	114.338119	30.508913						
大华南湖公园世家	9	114.3437	30.499862		114.339137	30.500204		114.333747	30.500873
雄楚大道	8	114.36099	30.516566		114.349258	30.517266			
光谷大道	8	114.428273	30.494428						
东湖高新区	8								
保利中央公馆	8	114.329067	30.501561						
文馨街	8	114.344578	30.5006		114.332181	30.503213			
青山区	7								
珞狮南路	7	114.34732	30.500005		114.344877	30.481582			
光谷金融港	7	114.431022	30.462299						

图 3-3 人工统计地名库

个更好的策略是增加一个本地地名库并实时更新以减少遗漏的次数,这为地理/非地理模糊匹配提供了更少的机会。因此,此时可将地名粒度划分到更大再进行匹配,如社区、小区、府、城、超市等,网页筛选给出可能存在地名的候选语句,进行人工地名识别并计数。通过这种方式,地名库不完整的问题可以通过半自动化、半人工的方式得到解决。优化后的地名库如图 3-4 所示。

该功能的需求具体分为以下模块。

地名词库查看。地名词库的呈现方式是 excel,我们可以查询、浏览当前使用的较大粒度的地名词库。地名词库只显示了较为粗略抽象的地址信息,比如"街""小区"等。

地名词库上传。此处上传的地名词库为较大粒度的,我们可以上传 excel 表格更新地名词库。excel 表格所显示的地名词库为一列数据,我们可以将新设定的较大粒度的地名词库输入进表格最左侧的一列,然后上传至系统即可更新到地名词库中。

地名词库手动输入。上传地名词库也可以不使用手动上传 excel 表格的方式,我们可以使用手动输入较大粒度地名词库的方式,不同地名之间使用空格分离,此操作同样可以满足地名词库更新的功能。

地名词库管理模块功能用例图如图 3-5 所示。

(八)热点展示与数据可视化功能需求

首先,时空数据具有明显的"地理空间相关"与"时间序列"两个特性。获取的时空数据记录的结果仅仅表示在某一特定时刻的环境要素状态,离开时空背景,测量结果将没有任何实际意义。其次,每一条时空观测数据本身往往包含多个观测要素,这使得大部分观测数据往往具有"多维"特征。并且,伴随着地理空间的划分,观测数据往往具有"层次"特征。例如,在研究某一城市的洪涝热点变化的过程中,这一城市在互联网媒体上报道的所有灾害数据会被使用。同时,这些灾害数据会根据城市的行政区域划分,被用来研究某一子区域(市、县和村镇等)的灾害热点变化。

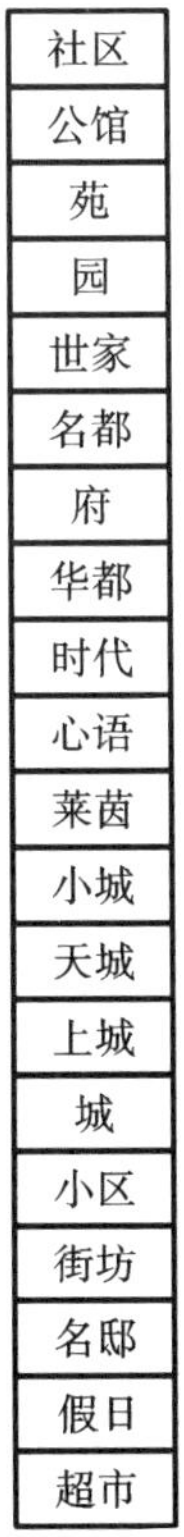

表 3-1 显示了系统中获取的灾害热点信息的数据结构,从中可以发现地理位置、经度、纬度、时间、频数及其他等

| 社区 |
| 公馆 |
| 苑 |
| 园 |
| 世家 |
| 名都 |
| 府 |
| 华都 |
| 时代 |
| 心语 |
| 莱茵 |
| 小城 |
| 天城 |
| 上城 |
| 城 |
| 小区 |
| 街坊 |
| 名邸 |
| 假日 |
| 超市 |

图 3-4 优化后的地名库

属性。经度、纬度反映了数据的空间特征,时间反映了数据的时间特征,频数及其他反映了数据的"多维"特征,"层次"特性则需要根据行政区划数据进行推算。当然,这里仅仅列举了最为常见的一种数据结构,不同类型的数据根据其获取方式不同,还具有其他数据特征,例如移动观测数据的位置会随时间发生变化,因此具有轨迹数据的特性等。

表 3-1 获取的灾害热点信息的数据结构

属　　性	特　征　类　型
地理位置	层次
经度、纬度	地理空间相关
时间	时间序列
频数及其他	多维

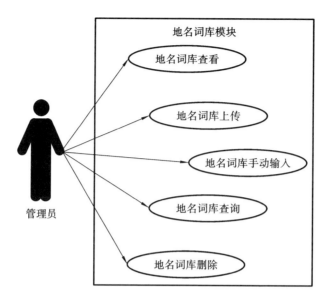

图 3-5 地名词库管理模块功能用例图

针对上述灾害热点信息数据结构的分析,对具体功能模块分为以下四个方面进行说明。

灾害发生时间。在灾害信息的提取中,系统会获取灾害事件发生的时间这一属性。在该可视化功能模块中,我们可以观察灾害的相关特征在不同时间节点上的情况,与此同时也可以分析灾害相关特征随时间的变化趋势。

灾害发生地理位置。系统会获取灾害发生的地理位置,对于这一地理位置,在地址管理模块可手动设置其经纬度。因此,对于每一个灾害地理位置,均有其特定的经纬度与之对应。根据经纬度和灾害地理位置的所属城市上级,我们可以就地理位置这一维度进行灾害热点位置的可视化。

灾害发生频次。对于识别出的灾害地理位置,系统会自动统计其发生的频率。网络媒体对于灾害地理位置的报道频次与该位置是否灾害热点位置有着密不可分的关系。因此,对于频次较高的地理位置,我们可以考虑该位置的灾害热点位置,在救援和管理中应当给予较高的重视。

灾害发生的其他地理位置特征。灾害发生也会受其他因素的影响,比如海拔、植被覆盖率等。并且,也会带来其他次生灾害的发生,比如暴雨量增加等等。对于灾害的可视化,我们也可以从这些角度间接性地分析灾害热点的发生趋势。

可视化地名词库管理模块功能用例图如图 3-6 所示。

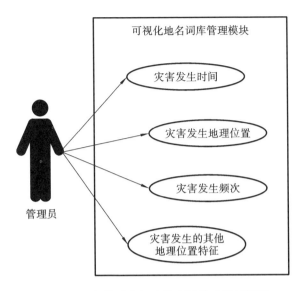

图 3-6　可视化地名词库管理模块功能用例图

二、系统非功能性需求

一般用户提出的具体的需求都可以称为功能性需求，系统的非功能性需求往往不会引起重视。但是，最终一个系统成败的关键性因素，就是非功能性需求的实现。非功能性需求一般包括性能需求、可行性需求、易用性需求和可扩展性需求等。

（一）性能需求

系统的性能需求是为了保证在很多用户同时使用系统时，系统不会出现卡壳的状况。也就是说，在很多人同时使用时，系统运行的速度仍然较为流畅。系统的性能需求有很多评价因素，比如响应时间、吞吐量等。

基于互联网新闻的灾害热点挖掘系统的使用人员是相关领域的研究学者，不会出现同时使用人数较多的情况。就本文的情况来说，系统开发时着重考虑了响应时间和处理时间的问题。

1. 响应时间

用户发出请求，系统给出响应，这一过程中所耗费的时间称为响应时间。本文开发的基于互联网新闻的灾害热点挖掘系统，每个功能模块的操作均离不开发出请求，因此我们需要确保控制好响应时间。

2. 处理时间

系统对于用户发出的请求进行处理的时间称为处理时间。处理时间一般都集中在 SQL 语句的优化上，我们可以应用数据库视图来加快检索速度。并且，在涉及增删查改模块时，注意 SQL 语句的优化。

（二）可靠性需求

系统的可靠性需求体现在很多方面，比如有效性、成熟性、容错性、可恢复性和预测性等等。这些方面保证系统在出现故障时，在规定的时间内仍然处于正常状态，不影响主程序的执行。并且，系统会开启自动备份模块，以便后期的系统恢复。系统的可靠性受很多因素的影响，比如开发语言的选择、开发环境的选择、系统开发架构的设计、开发者代码优化水平和个人工作经验等等。并且，合适、正确的软件管理方式也尤为重要。

系统的开发语言选用 Python，框架是基于 Python 开发的 Django 框架，采用了 MTV 框架模式，即模型 M、视图 V 和模板 T，开发系统是 Windows10。在系统的所有功能实现后，对系统的每个功能模块进行详细的测试，以此来保障系统的可靠性需求。

（三）易用性需求

易用性需求的设计与实现，保证了新用户使用系统时能较快地上手。对于该系统的开发设计而言，我们在系统的主界面进行了功能模块的流程说明，能够让用户对该系统的操作流程做到心中有数。并且，该系统有配套的使用视频和使用手册，给新用户使用该系统带来了较大的便利。

（四）可扩展性需求

可扩展性需求的提出是为后续系统的二次开发而考虑的。现在，该系统已有雏形，虽然已经满足了现有功能需求并且可以投入正常使用，但是随着后续研究的深入，功能需求会增加。因此，系统具备较好的可扩展性显得至关重要。

第二节 系统总体设计

一、系统设计图

基于互联网新闻的灾害热点挖掘系统的设计与实现主要是对气象灾害中的洪涝灾害这一事件进行网络数据获取和智能识别。

通过前文中的具体分析，实现这一系统需要在网页文本抽取、网页信息处理和灾害相关信息提取，以及灾害热点信息的应用和可视化等方面进行功能实现。针对洪涝灾害热点的提取要求以及系统开发的基本功能需求，系统设计主要分为多个模块，每个模块下又有各自划分的子模块。主体功能模块结构图如图 3-7 所示。

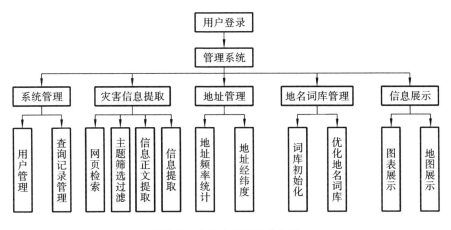

图 3-7 主体功能模块结构图

二、系统架构设计

基于互联网新闻的灾害热点挖掘系统的主要目的是从互联网中获取有效的洪涝灾害信息并进行信息的过滤和提取。系统主要基于 Python 平台开发，使用网页爬虫工具获取灾害事件相关链接和文本,并使用中文语义分词工具对获取出的信息进行洪涝灾害热点识别和数据处理。结合地理信息可视化工具和数据分析可视化工具,对灾害信息进行时间、空间等多维度的显示。系统功能设计框架图如图 3-8 所示。

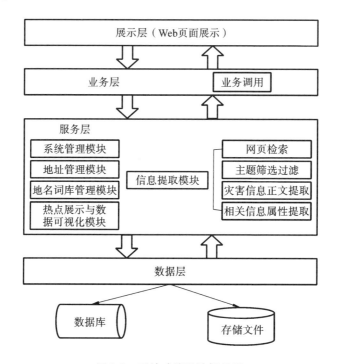

图 3-8　系统功能设计框架图

系统功能设计框架图将整个系统分成展示层、业务层、服务层、数据层。其中服务层主要包括以下功能模块:灾害热点信息的网页文本抽取模块、灾害热点网页信息的处理和相关信息提取模块、灾害热点信息的应用和可视化模块。灾害热点信息的网页文本抽取模块主要是使用网络爬虫工具和搜索引擎查询并抓取更多网站上关于洪涝灾害事件的报道,以此作为灾害热点挖掘的数据来源。灾害热点网页信息的处理和相关信息提取模块主要是使用开源的中文语义分词工具,对获取的灾害热点信息进行地理位置匹配识别,提取出跟灾害相关的属性信息并进行存储。灾害热点信息的应用和可视化模块,从时间、空间等维度对灾害信息进行地图、图表等可视化说明。

第三节 功能模块划分

一、系统管理模块

系统管理模块是为了保证系统应用的安全性而设立的。系统包括普通用户和管理员用户。并且，系统可以显示用户近期的查询记录，保存在日志文件中。

（一）用户权限

用户可以通过账号和密码进行登录，并选择身份类型：普通用户或者管理员用户。如果登录身份是普通用户，则普通用户只能进行常规操作：输入关键词进行网络信息爬取，识别网页上的灾害热点位置，过滤和标注地理位置、进行灾害热点地理位置的信息查看。如果登录身份是管理员用户，则管理员用户可以进行较高权限的设定工作，比如上传自定义地名词库、更新地理位置的经纬度信息、删除地理位置等。不同类型的用户在此系统中享有不同的操作权限。

（二）用户日志

用户输入特定的关键词，点击查询按钮即可查询网络上与关键词相关的信息。对于每次的查询，系统会自动记录并保存该用户输入的关键词。在用户登录成功后，在系统主页面的右侧会显示近期查询到的 10 条关键词。

二、信息提取模块

本模块是实现灾害信息提取的主要模块，洪涝灾害信息检索、Web 文本抽取以及灾害相关信息的提取，均在本模块完成。具体分为以下四个模块：网页检索、主题筛选过滤、灾害信息正文提取、相关信息属性提取。

（一）网页检索

网页检索模块负责从互联网上实时抓取灾害热点事件的新闻数据。在界面中，提供了关键词的输入框和限定的搜索页数，页面右侧显示了最近的搜索记录。用户需要输入由特定地理位置、气象灾害事件类型组合而成的关键词，比如"南湖洪涝"，此关键词由特定地理位置"南湖"和气象灾害事件类型"洪涝"组成。此系统默认的搜索引擎为百度，在点击确定按钮后即可进行页面信息的提取和展示。网页检索模块流程图如图3-9所示。

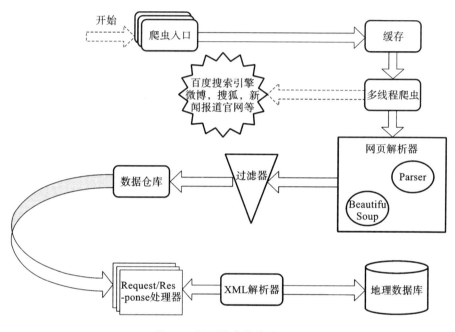

图 3-9　网页检索模块流程图

（二）主题筛选过滤

在采用网络爬虫进行数据采集的过程中难免会产生噪声数据，获取的信息量较大，且获得的数据不一定与洪涝灾害事件相关。对那些无效的数据不进行过滤操作，则对系统的内存、运行效率和结果精准度均会造成负面影响。本系统所采用的数据清洗加工方法分为以下三个方面。

（1）URL去重处理。所有网页的URL都经过了去重处理，去重针对的对象的所有属性值均相同且无差异，这样系统会默认只保留一条数据。

（2）快速过滤与内容无关或者不合法的URL。对于爬取的URL，人工识别后该链接与事件不相关或者不合法，则快速过滤掉，不用进行后续URL对应网页文本的解析处理。去重和快速过滤流程图如图3-10所示。

（3）过滤访问受限或者无法定位的URL。对于获取的所有URL链接，存在

第三章 基于互联网新闻的灾害热点挖掘系统设计

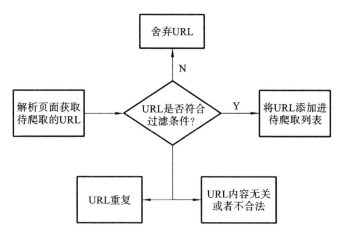

图 3-10 去重和快速过滤流程图

部分访问受限出现 400、404、500 的结果,对于出现这些结果的页面,我们需要过滤掉。并且,有的 URL 即使通过查重过滤子模块,也会因为排版的差异或者访问受限等原因无法定位,这就需要有相应的程序来检测这样的 URL。页面解析访问过滤流程图如图 3-11 所示。

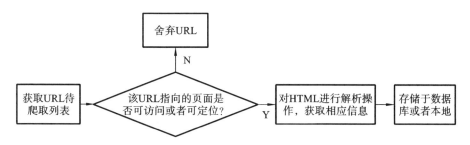

图 3-11 页面解析访问过滤流程图

(三)灾害信息正文提取

在通过上述的主题筛选后,页面展示了主题筛选过滤后进行地理匹配的数据。其中标注语句那一列,展示了获取的 URL 链接中识别到的包含地理位置的相关语句。用户可以通过点击查看源地址按钮追踪到该标注语句的来源。灾害信息正文提取模块流程图如图 3-12 所示。

(四)相关信息属性提取

相关信息属性提取主要是通过人工选择需要标注的页面,并进行地理位置标

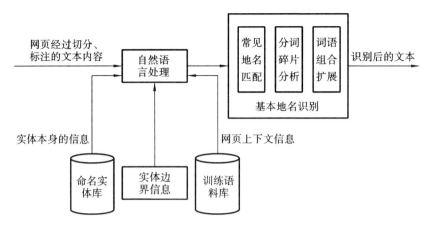

图 3-12 灾害信息正文提取模块流程图

注。其中操作一栏有标注和快速两个选项。如果用户认为该标注语句中可能存在地理位置需要标注，则选择标注按钮即可进入具体的标注页面；如果用户认为该标注语句不存在地理位置需要标注，则可直接点击快速按钮，过滤掉该语句。

在爬虫搜索页面，根据爬虫条件，可获取指定搜索引擎的相关 URL，并存入数据库。对于每条 URL，进行地名识别操作，对每个 URL 所对应的网页文本进行解析。根据很多地名识别的相关方法，地名识别过程中会将网页解析成很多词句组成的列表，该列表中根据上传的自定义词库，会含有少量地名。

地理识别标注优化模块，是为了获取所有地名前后的语句，然后人工判别该语句中是否存在地名，若存在，则加入到地名库中；若不存在，则过滤掉。该模块采用先进先出的队列这一数据结构。流程图思路如图 3-13 所示。

遍历 Jieba 分词结果中的每个词，有两种情况：该词存在于地名库中和不存在于地名库中，下面分情况做具体说明。

(1) 如果该词存在于地名库中，并且该词之前并未出现过其他地名，则直接出队拼接，如"预防措施.长江工程职业技术学院"，此时存在于地名库中的词语为"学院"，因此前面的相关语句拼接输出；如果该词之前已经出现过其他地名，此时就要考虑这两个地名之间是否相邻。如果相邻，则直接拼接即可，比如"不妨走你家门口那边南湖大道"，此时存在于地名库中的词语为"南湖"和"大道"。如果不相邻，则把中间的内容一起拼接输出。

(2) 如果该词不存在于地名库中，且该词之前并未出现过其他地名，则直接拼接语句，达到队列最大容量输出即可；如果该词之前已经出现过其他地名，则连同前面出现的地名，输出队列最大容量的文本字符串。

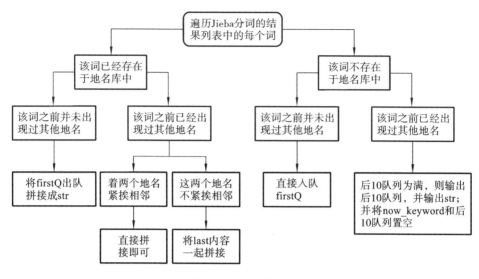

图 3-13 流程图思路

三、 地址管理模块

地址管理模块中,用户可以根据输入的地名,查看该地名下所包含的灾害地理位置。该模块展示了地名,网页检索和灾害信息提取中该地名的出现次数,经纬度,以及操作。用户点击修改按钮可以修改该地名对应的经纬度,点击删除按钮则可删除该地名,点击导出 excel 按钮即可导出该地址信息列表。该模块的功能需求描述如下。

(一) 地址分类

在该模块,用户对于灾害热点地理位置的生成有两种方式:手动上传地名词库和根据人工标注识别地名词库。并且,每个地名具有所属单位,此功能模块就是为了对所有标注的地名进行管理。比如,南湖、光谷等地理位置名称均属于"武汉"这一地址分类所管理。因此,用户输入城市名,点击确定按钮,即会以表格的方式罗列出该城市下所有识别到的灾害地理位置信息。

(二) 地址频率统计

根据上传的大粒度地名词库,结合手动标注地名,可以识别网页文本中的灾害地理位置。对于同一个灾害地理位置，我们可以自动累加其频率，也就是识别到的总次数，方便后续的数据分析和可视化操作。对于地址频率这一属性，系统不支持修改，即便管理员也不具备修改权限。

（三）地理名称经纬度设置

每个识别到的地理位置均有其特定的经纬度，尽管对于同一片区域不同的地理位置来说，经纬度的差距甚小，但是也存在差距。点击修改按钮，系统会弹出修改窗口，我们可以手动修改地名位置的经纬度。

（四）删除地理位置

尽管通过手动上传地名词库和人工标注识别，我们已经识别出了一些灾害热点的地理位置。但是出于某种特定需求，我们想要删除该地址，则可以点击删除按钮，将该地理位置从数据库删除，删除完成后页面也会更新显示。

（五）导出地理位置形成表格数据

对于识别到的地理位置的所有相关属性信息，在网络上是以表格的形式呈现的。导出地理位置表格这一模块，支持手动下载地名位置信息的表格，导出格式为 excel。

四、地名词库管理模块

地名词库管理模块主要负责管理用于系统地理位置识别的地名词库。在该模块中，我们可以进行地名词库的查看、上传、更新、删除等操作。其中上传操作支持多种方式，用户可以根据自己的喜好进行选择。地名词库管理模块主要是对网页识别地理位置的地名库进行管理更新。起初用户可以根据人工统计的方法，得到初始的地名库。但是考虑到随着爬取的 URL 数量逐渐变多，地名词库的不完整性日益凸显。因此用户只需上传最新的较大粒度的地名词库，即可进行手动标注和自动更新。

（一）地名词库查看

用户可以直接查看地名词库上传的源文件，地名词库源文件的呈现方式是 excel，我们可以查询、浏览当前使用的大粒度地名词库。地名词库只显示了较为粗略抽象的地址信息，比如"街""小区"等。

（二）地名词库上传

此处上传的是大粒度地名词库，我们可以上传excel表格更新地名词库。在系统页面中，用户可以点击"地名词库前后缀"按钮，则会出现文件上传的窗口。在浏览中选择我们需要上传的文件，点击上传按钮即可。excel表格所显示的地名词库为一列数据，我们可以将新设定的大粒度地名词库输入进表格最左侧的一列，然后上传至系统即可更新到地名词库中。

（三）地名词库手动输入

在地名库上传页面，有两种上传方式，第一种是前面介绍的上传excel文件的方式，第二种是手动输入地名词库的方式。不同地名之间使用空格分离，比如"街道路公园"等，此操作同样可以实现上传地名词库更新的功能。

五、热点展示与数据可视化模块

热点展示与数据可视化模块主要负责对系统前期获取到的灾害热点位置的相关数据进行可视化分析。在该模块，用户可以自主选择可视化的方式。系统支持三个维度的可视化，包括时间维度、地理空间维度、其他相关属性维度。本系统采用多种可视化分析工具来完成不同功能需求的可视化分析。可视化功能结构图如图3-14所示。

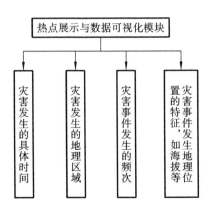

图3-14 可视化功能结构图

（一）时间序列可视化

时间序列可视化可以选取不同的时间单位，比如日、月、季、年，当然也可以选取任意特定的时间节点。时间序列数据本质上反映的是某个或者某些随机变量随时间不断变化的趋势。网络上媒体对于灾害信息的报道中一般存在与灾害事件相关的地点和时间等属性，这些属性的存在给时间、空间可视化提供了前提。对于洪涝灾害热点时间序列的可视化研究，是为了挖掘灾害发生的特定规律性和周期性。比如灾害发生的前期并未引起媒体关注，但是在某个特定时间点后，开始引起媒体广泛关注。

不同类型的数据需要不同的可视化方法。本文对灾害热点数据进行挖掘，每个灾害热点会有很多属性，比如位置名称、报道时间、地理位置的经纬度、报道频次等。其中报道时间属于线性时间属性，对于线性时间，我们一般采用标准的显示方法，即横轴表示时间属性，纵轴表示其他属性。以时间顺序显示事件列表，主要功能是传达与时间相关的信息，以展现事件为目的。

（二）空间序列可视化

地理数据可视化的最直接方式是地图展现，根据灾害事件的坐标信息及其对应的频率大小，采用散点图、热力图、地图等方式，以及不同的符号、颜色、标识等，来展现事件在空间分布上的特点。

我们通过网页解析和灾害位置识别技术，获取了新闻媒体报道中的灾害地理位置、所对应的报道频率大小和报道时间这些属性。于是，我们可以采用地理空间可视化技术，生动形象地展示灾害热点的地理空间分布情况，以便进一步分析灾害热点位置的特性。比如，我们可以采用地图的方式可视化灾害热点位置，不同颜色和标识符对应不同的频率大小；同时，我们也可以结合时间序列进行分析，看不同的时间段对于灾害热点地理位置的报道是否有倾向性。

（三）其他相关属性可视化

要想对灾害发生进行全面彻底的分析，需要考虑影响灾害发生的其他因素，比如海拔高度、植被覆盖率等。与此同时，也需要考虑灾害发生所带来的伴随性现象，比如暴雨量增加等。通过对这些现象进行可视化分析，可以帮助我们进一步了解灾害发生的情况。

第四节 数据库设计

数据库主要用于对数据进行存储和处理,而且不同的应用场景,数据库类型的选择以及数据表的设计都不同,但都需要遵循满足用户需求的原则。整个设计过程较为复杂,可以分为以下几步:

(1) 用户提出需求,设计人员根据需求以及现有知识,抽象出概念模型;

(2) 在抽象出概念模型以后,在此基础上按照数据库的设计规则转换为数据模型,这一过程可以简单明了地展示出各个实体所包含的属性信息;

(3) 在有了数据模型以后,对数据表的各个属性进行定义,包括字段、大小、主键等。

数据表的设计需要反复思考,需要联系系统的功能性需求以及性能需求,甚至还要考虑表之间的关系。好的数据库会提升系统的性能、开发效率以及降低系统的维护成本。综上可知,数据库的选择与设计很重要。

下面将在对基于互联网新闻的灾害热点挖掘系统进行需求分析的基础上,建立相应的数据库表以及各表之间的联系,设计一个适合基于互联网新闻的灾害热点挖掘系统需求的数据库。

一、数据库概要设计

数据库概要设计是数据库设计的首要阶段。数据库概要设计并不关注在计算机上实现的具体细节,而是以一种抽象的方式将用户信息转换为概念模型。概念模型是从用户的角度来对数据进行建模,最常用的表示方法是实体-联系图(Entity-Relationship Diagram,简称 E-R 图)。

使用 Visio 工具设计该平台的总体 E-R 图,根据总体 E-R 图清晰地展示基于互联网新闻的灾害热点挖掘系统中涉及的实体对象以及各个实体之间的关系。基于互联网新闻的灾害热点挖掘系统总体 E-R 图如图 3-15 所示。

二、数据库表结构设计

本系统涉及六张表:用户信息表、查询关键词表、搜索日志表、URL 日志

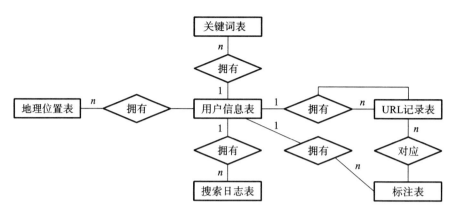

图 3-15 基于互联网新闻的灾害热点挖掘系统总体 E-R 图

记录表、标注表、地理位置表。

(一) 用户信息表

用户信息表用于存放系统可登录的用户信息,表中的所有属性值均不为空,否则系统会提示无法新建用户。用户信息表如表 3-2 所示。

表 3-2 用户信息表

主键	字段描述	字段名	数据类型	字段长度	是否可空
P	用户标识	User_Id	int	—	NOTNULL
	用户姓名	User_Name	varchar	100	NOTNULL
	用户密码	User_Pwd	varchar	50	NOTNULL
	用户类型	User_Type	int	—	NOTNULL

(二) 查询关键词表

查询关键词表记录了登录用户所用到的所有查询关键词,表的结构较为简单,表中的所有属性值均不为空的情况。查询关键词表如表 3-3 所示。

表 3-3 查询关键词表

主键	字段描述	字段名	数据类型	字段长度	是否可空
P	关键词标识	Keyword_Id	int	—	NOTNULL
	关键词内容	Keyword_Value	varchar	100	NOTNULL

（三）搜索日志表

搜索日志表记录了 URL 来自哪个用户、通过哪个关键词查询得到，表中的所有属性值均不为空。搜索日志表如表 3-4 所示。

表 3-4　搜索日志表

主键	字段描述	字段名	数据类型	字段长度	是否可空
P	搜索日志表标识	SearchKey_Log_id	int	—	NOTNULL
	链接关键词来源	SearchKey_key	varchar	100	NOTNULL
	来源用户	User_Id	int	—	NOTNULL

（四）URL 日志记录表

URL 记录表用于记录爬取到的链接的筛选过滤状态，表中的所有属性值均不为空。URL 日志记录表如表 3-5 所示。

表 3-5　URL 日志记录表

主键	字段描述	字段名	数据类型	字段长度	是否可空
P	URL 标识	URL_Id	int	—	NOTNULL
	URL 标题	URL_Title	varchar	100	NOTNULL
	来源用户	User_Id	int	—	NOTNULL
	是否过滤	URL_Status	int	—	NOTNULL

（五）标注表

标注表记录了识别出来的文本信息是否含有我们所需要的灾害地理位置名称，表中的所有属性值均不为空。标注表如表 3-6 所示。

表 3-6　标注表

主键	字段描述	字段名	数据类型	字段长度	是否可空
P	标注文本标识	Tag_Id	int	—	NOTNULL
	标注文本内容	Tag_Value	varchar	100	NOTNULL
	是否标注	Tag_Status	int	—	NOTNULL
	来源用户	User_Id	int	—	NOTNULL

（六）地理位置表

地理位置表是用来记录识别出的灾害地理位置的具体信息，比如经纬度和出现的频次等。地理位置表如表 3-7 所示。

表 3-7　地理位置表

主键	字段描述	字段名	数据类型	字段长度	是否可空
P	位置标识	Place_Id	int	—	NOTNULL
	位置内容	Place_Name	varchar	100	NOTNULL
	所在城市	Place_City	varchar	100	NOTNULL
	频次统计	Place_Count	int	—	NOTNULL
	经度	Place_Lng	varchar	100	NOTNULL
	纬度	Place_Lat	varchar	100	NOTNULL

第五节　系统实现

对基于互联网新闻的灾害热点挖掘系统进行设计后，接下来需要使用特定语言的代码来实现。将前面所叙述的功能需求和设计转化为具体的逻辑代码块，直到最终变成可执行的应用程序。本平台选择的 Pycharm 开发工具，后台采用 Python 语言的 Django 框架来实现逻辑，采用 JS 代码来实现可视化。

下面将对本平台的开发环境和各个功能的模块进行详细的介绍与实现，并附上实现的页面图以及核心代码做说明。

一、开发环境的选择

基于互联网新闻的灾害热点挖掘系统的开发环境如下。

（一）操作系统

Windows 10 旗舰版（64 位）作为平台开发的操作系统。

(二) 开发语言

采用跨平台的计算机程序设计语言 Python，它是一种面向对象的动态类型语言，版本为 Python 3.6.2。

(三) 开发工具

选择 JetBrains PyCharm 2018.1.4 作为平台的开发工具。

(四) 框架

选择开放源代码的 Web 应用框架 Django 与 Python 代码编写。

(五) 数据库

选择 MongoDB 非关系型数据库。

二、 系统功能模块的实现

(一) 平台登录界面的实现

系统管理模块是为了保证系统应用的安全性而设立的，系统可通过账号和密码来进行登录。根据用户的权限等级不同，不同的用户拥有不同的系统功能操作权限，登录成功后显示的内容也存在差别。系统管理模块下包括用户管理和查询记录管理两个分支。用户管理中，登录系统用户分为两个级别：0 为管理员用户，1 为普通用户。这两个级别对系统拥有的操作权限不尽相同。系统登录页面如图 3-16 所示。

(二) 系统主界面的实现

在通过了账号密码的校验操作后，则进入系统的主界面。每个账号密码都有对应的用户名，该用户名在登录成功后会显示在系统主界面的左上角区域。在主界面中，用户点击上侧导航栏的退出登录按钮，即可退出当前用户登录，返回到系统的登录界面。

主界面的布局分为导航栏和内容栏。其中导航栏显示了该系统运行的流程：关键词搜索、URL 过滤、地理位置识别与标注、地址管理。点击每个流程对应

图 3-16　系统登录界面

的模块按钮，即可进入具体模块的操作页面。就系统的需求分析来说，该系统只允许两种使用顺序，该顺序也在系统的主页面做了详细说明。第一种使用顺序：搜索、URL 过滤（不做也行）、标注、地址管理。第二种使用顺序：URL 过滤（不做也行）、标注、地址管理。系统主页面的正中心板块对该系统的功能进行了详细的概述。用户通过点击更新地名前后缀按钮，可上传最新的地名前后缀，用于后续地名识别。系统主界面如图 3-17 所示。

（三）网页检索界面的实现

网页检索模块负责从互联网上实时抓取灾害热点事件的新闻数据。在界面中，提供了关键词的输入框和限定的搜索页数，页面右侧显示了最近搜索记录。用户需要输入的关键词由地理位置名词和气象灾害事件类型组合而成。比如"南湖洪涝"，此关键词由地理位置名词"南湖"和气象灾害事件类型"洪涝"组成。此系统默认的搜索引擎为百度，在点击确定按钮后即可进行页面信息的提取和展示。网络检索页面如图 3-18 所示。

（四）主题筛选过滤界面的实现

主题筛选模块主要展示了网页检索的结果，并提供了快速过滤和筛选功能。输入搜索的关键词，点击确认按钮，则可展示通过该关键词检索到的所有页面信

第三章　基于互联网新闻的灾害热点挖掘系统设计

图 3-17　系统主界面

图 3-18　网页检索界面

息。页面展示的每一条 URL 链接，均有对应的标题。点击查看源地址按钮，便可查看该标题对应的具体链接地址。界面提供了保留和删除两个按钮，如果要保留该链接，则可点击保留按钮；反之则可点击删除按钮。主题筛选系统界面如图 3-19 所示。

（五）相关信息属性提取界面的实现

相关信息属性的提取主要是通过人工选择需要标注的页面，并进行地理位置标注。其中操作一栏有标注和快速两个选项。如果用户认为语句中可能存在地理

图 3-19 主题筛选系统界面

位置需要标注，则点击标注按钮即可进入具体的标注页面；如果用户认为语句中不可能存在地理位置需要标注，则可直接点击快速按钮，过滤掉该语句。相关信息属性提取界面如图 3-20 所示。

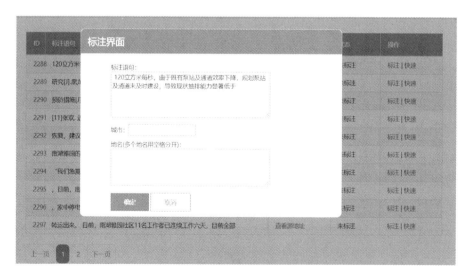

图 3-20 相关信息属性提取界面

（六）地址管理界面的实现

地址管理模块中，用户可以根据输入的地名，查看该地名下所包含的灾害地理位置。该模块展示了地名，网页检索和灾害信息提取中该地名的出现次数，经纬度，以及操作。用户点击修改按钮可以修改该地名对应的经纬度，点击删除按钮则可删除该地名，点击导出 excel 按钮即可导出该地址信息列表。地理管理模块界面如图 3-21 所示。

图 3-21　地理管理模块界面

（七）地名词库管理界面的实现

地名词库管理模块主要对网页识别地理位置的地名库进行管理更新。起初用户可以根据人工统计的方法，得到初始的地名词库。但是考虑到随着爬取的 URL 数量逐渐变多，地名词库的不完整性日益凸显。因此用户只需要上传最新的较大粒度的地名词库，即可进行手动标注和自动更新，手动更新地名前后缀词界面如下图 3-22 所示。

（八）热点可视化界面的实现

热点展示与数据可视化模块，运用地理空间工具和数据分析工具进行可视化。用户可以直观地感受到灾害热点地理空间分布的地图可视化以及灾害事件发生时间、空间多维度趋势分布的可视化。系统可视化运行结果如图 3-23 所示。

更新地名前后缀词

使用顺序

新任务：搜索——URL过滤（不做也行）——标注——地址管理

旧任务：URL过滤（不做也行）——标注——地址管理

图 3-22　手动更新地名前后缀词界面

图 3-23　系统可视化运行结果

下面是地图可视化功能的核心代码实现：

//1. 加载谷歌地图方法，采用图层加载加载方式

initLayer ();

map= newesri.Map (" map", {center: [140, 40]});

map.addLayer (newGoogleMapLayer ());

map.addLayer (newGoogleMapAnooLayer ());

//ScalesinDPI96

" lods": [{" level": 0," scale": 591657527.591555," resolution": 156543.033928},

{" level": 1," scale": 295828763.795777," resolution": 78271.5169639999},

{" level": 2," scale": 147914381.897889," resolution": 39135.7584820001},

{" level": 3," scale": 73957190.948944," resolution": 19567.8792409999},

第三章 基于互联网新闻的灾害热点挖掘系统设计

{"level": 4,"scale": 36978595.474472,"resolution": 9783.93962049996},
{"level": 5,"scale": 18489297.737236,"resolution": 4891.96981024998},
{"level": 6,"scale": 9244648.868618,"resolution": 2445.98490512499},
{"level": 7,"scale": 4622324.434309,"resolution": 1222.99245256249},
{"level": 8,"scale": 2311162.217155,"resolution": 611.49622628138},
{"level": 9,"scale": 1155581.108577,"resolution": 305.748113140558},
{"level": 10,"scale": 577790.554289,"resolution": 152.874056570411},
{"level": 11,"scale": 288895.277144,"resolution": 76.4370282850732},
{"level": 12,"scale": 144447.638572,"resolution": 38.2185141425366},
{"level": 13,"scale": 72223.819286,"resolution": 19.1092570712683},
{"level": 14,"scale": 36111.909643,"resolution": 9.55462853563415},
{"level": 15,"scale": 18055.954822,"resolution": 4.77731426794937

//绘图函数开始
functionaddPoint (arr) {
console.log (arr);
varpoints= arr;
variconPath=
" M16, 4.938c-7.732, 0-14, 4.701-14, 10.5c0, 1.981, 0.741, 3.833, 2.016, 5.414L2, 25.27215.613-1.44c2.339, 1.316, 5.237, 2.106, 8.387, 2.106c7.732, 0, 14-4.701, 14-10.5S23.732, 4.938, 16, 4.938zM16.868, 21.375h-1.969v-1.889h1.969V21.375zM16.772,   18.094h-1.7771-0.176-8.083h2.113L16.772, 18.094z";
varinitColor= " # FFFFFF";
arrayUtils.forEach (points, function (point) {
varpictureMarkerSymbol= newesri.symbol.PictureMarkerSymbol (
" {% static" img/red.png"% }", 15, 15);
vargraphic= newGraphic (
newPoint (transform ＿ point (point [0], point [1])), pictureMarkerSymbol);
map.graphics.add (graphic);
});
}

第六节 系统测试

一、测试模块说明

（一）系统管理模块

系统管理模块测试的主要问题包括以下几点：用户通过正确的账号密码可以成功登录系统，用户输入错误的账号密码则不可以登录系统；用户和管理员所享有的系统使用权限并不相同，并且所享有的系统使用权限与登录用户的类型相匹配。

（二）信息提取模块

就网页检索模块来说，我们可以输入多个近义的关键词进行搜索，近义词的搜索模式可以成功检索到灾害主题相关的网页链接。就灾害信息筛选过滤模块来说，保留和删除按钮能够发挥正确作用。当点击保留按钮时，过滤状态为未过滤，当点击删除按钮时，过滤状态为已过滤。当点击删除按钮时，链接从列表中删除。通过源地址按钮可以查看源地址，并且源地址与 URL 存在一一对应的关系。就灾害相关属性信息提取模块来说，文本提取是根据地名库进行划分，并且对于文本中的地理位置标注也可以同步更新到地址管理界面进行显示，与此同时，同一地名的多次标注可以成功影响到频次计数操作。

（三）地址管理模块

此处我们需要测试地址管理中各个按钮的作用。比如删除按钮和修改按钮，当我们点击删除按钮时，地名从显示列表删除；当我们点击修改按钮时，可以修改该地名对应的经纬度，修改的经纬度数据可以同步到页面进行显示。

（四）地名词库管理模块

通过文件上传和手动输入这两种方式，均可以成功更新到地名库。在手动输入时，必须按照指定的格式进行输入，反之则会出现乱码。

（五）可视化模块

该模块可以完成多个维度的可视化显示：生成时间序列表格、生成地图可视化图表、生成多维度的可视化图形。

二、测试结果说明

基于上述理论概念，笔者致力于开发基于互联网新闻的灾害热点挖掘系统，来帮助人们识别网络上的洪涝热点。一般的查询条件为由"武汉洪涝"这样由地名和灾害事件类型组成的关键词。当前的研究目的是获取包含四个重要组成部分的网页：事件主题（如洪涝灾害、水涝）、空间关系（在）、位置（武汉或者南湖）、时间属性（如发帖时间）。不同的关键词及它们的组合可用于爬虫检索相关事件的报道。上下文中的"街道-道路-社区"这一结构类型，可被用于开发"启发式-规则手工构建"地名词库。

大多数的网页数据是非结构化的，当前的网页数据挖掘工具都是采用在互联网上索引网页的方式，而不是将粒度较小的位置信息作为可索引的对象。从网络上手工识别这些地理参考实体，仍有较大的难度。在小范围内，地名索引可能无法精确到较为详细的地点（例如街道、广场、纪念碑、河流、新社区等）。

该系统在笔者的笔记本电脑上运行，网络数据的爬取时间约为15分钟。根据不同的关键词，通过检索大量网站和社交媒体数据资源的超链接，本系统爬取了4458个网址。其中有2106个网址来自主流权威媒体平台，比如新闻163、游中国、气候新闻中国、中国业务、和讯网、地方和中央政府网站等。此外，也有不少网址来自社交媒体平台，如新浪微博、百度贴吧、百度百科、百度知道、腾讯QQ、BBS和俱乐部1688等。

综上所述，本次爬取的网址，均是来自权威媒体平台，采集的数据有较高的质量保证。对4458个网址链接进行查重处理后，有3855条数据用于后续分析处理。具体分析结果如表 3-8 所示。

表 3-8 具体分析结果

序列	关键词组合	网址检索数目	爬取时间	网站内容包括地理实体名称
1	南湖救援 （南湖；救援）	246	42.901	匹配：19 未匹配：227
2	南湖洪涝 （南湖；洪涝）	111	40.014	匹配：9 未匹配：102
3	南湖洪水 （南湖；水灾）	95	66.942	匹配：17 未匹配：78
4	武汉洪涝 （南湖；洪水）	586	66.346	匹配：19 未匹配：567
5	南湖灾害 （南湖；灾难）	110	39.288	匹配：15 未匹配：95
6	南湖防洪 （南湖；洪涝灾害预防）	99	47.866	匹配：15 未匹配：84
7	南湖渍水 （南湖；涝）	198	50.861	匹配：134 未匹配：64
8	南湖积水 （南湖；积水）	131	65.351	匹配：28 未匹配：103
9	武汉积水 （武汉；积水）	605	78.856	匹配：16 未匹配：589
10	南湖内涝 （南湖；涝）	60	42.809	匹配：11 未匹配：49
11	武汉内涝 （武汉；渍水）	356	63.749	匹配：25 未匹配：331
12	南湖治水 （南湖；洪涝灾害治理）	231	42.655	匹配：2 未匹配：229
13	武汉暴雨 （武汉；暴雨）	508	72.122	匹配：38 未匹配：470

续表

序列	关键词组合	网址检索数目	爬取时间	网站内容包括地理实体名称
14	南湖暴雨（南湖；暴雨）	72	48.346	匹配：14 未匹配：58
15	南湖被淹（南湖；淹没）	88	53.809	匹配：23 未匹配：65
16	武汉被淹（武汉；淹没）	349	68.279	匹配：34 未匹配：315
17	南湖水灾（南湖；水灾）	10	48.060	匹配：2 未匹配：8
总数		3855	938.253	
运行环境		处理器：英特尔（R）核心（TM）i5-8250UCPU@1.60GHz RAM：8.00GB OS：Windows10（64位）		
运行		2018年12月12日20时4分39秒		

基于灾害热点的数据挖掘系统的设计目的在于，将与灾害相关的原始数据，经过一定的处理，以多种可视化的方式形象生动地展示灾害热点的具体情况，以便政府相关部门对于城市洪涝等灾害做出更加快速高效的应对与处理。

第四章 基于微博信源的分布式爬虫系统设计

【导言】

Web2.0 时代的网络媒体是参与式的社交媒体，更突出用户生产的内容和最终用户的互操作性，比如微博就是这种互动的内容生产网络的典型代表。微博是基于用户关系的社交媒体平台，用户可以通过 PC、手机等多种终端接入，以文字、图片、视频等多媒体形式，实现信息的即时分享和传播互动。与基于 Web1.0 技术的静态网页报告相比，微博作为 Web2.0 的应用程序更倾向于动态与交互。本章选取微博作为社交媒体数据源，基于微博信源开发爬虫系统。目前的研究大多数是针对某个特定灾害场景进行的，并且没有将分布式爬虫技术融合进来从而提高爬虫效率。因此，为了提高效率，同时使系统适用于更多的灾害场景，本章设计基于微博信源的分布式爬虫系统，以更高效地爬取数据进行灾害应急管理。

◆ 第一节 系统需求分析

2020 年微博用户发展报告数据显示，新浪微博 2020 年 9 月的月活动用户达到 5.11 亿，日活动用户达到 2.24 亿。相比其他社交媒体平台，新浪微博具有较大的用户规模和普及率。当热点事件发生时，社交媒体平台如新浪微博、微信公众号、知乎问答等的用户会针对热点事件发布、评论或转载相关信息。大量证据显示，突发灾害事件期间，用户在新浪微博等社交媒体平台的活跃度明显增加。选用新浪微博作为社交媒体数据爬取的目标，对于灾害应急管理具有重要意义。

同一个用户可能同时拥有多个社交媒体平台的账号，在多个社交媒体平台上发布同样的信息，因此在不同的社交媒体平台上的相关数据有很多是冗余重复的。如果针对所有社交媒体进行数据的爬虫采集，一是会导致大量重复数据的采集存储，造成资源的浪费；二是重复的低质量的数据又会对之后的数据挖掘等造成影响，不利于决策支持分析。为了避免上述问题，选择将新浪微博作为社交媒体数据源。

　　灾害信息挖掘要素的选择。在灾害发生期间，灾害信息中最为重要的是空间和时间信息，这类信息对灾害管理具有重要意义。一是可以通过空间和时间的分布情况来分析预测同样类型的灾害规律。二是可以通过人们发布社交媒体信息的空间、时间来感知灾害对人们行为的影响。因此，本文需要提取出社交媒体数据中的时间和空间位置信息，在地图上展示时间分布和空间分布，并与实际生活中的灾害信息进行比较，判断提取的信息与真实灾害情况的匹配程度，从而验证灾害信息挖掘的正确性。

一、系统功能性需求

　　由系统概述可知，系统有三个基本功能：分布式爬虫、时间特征分析和空间特征分析。此外，为了使系统更好地运行以及拥有更好的用户体验，还需要额外设置三个功能：一是爬虫数据展示，将分布式爬虫采集的微博文本数据和微博用户信息展示给用户；二是城市地名库爬取，该功能是为下一步的地名识别做准备的，将某个特定城市内的所有行政区域地名爬取下来，并建立一个地名库词典，在对微博文本进行分词时能尽可能保证文本中的这些地名不会被错误切分；三是配置，是为了管理各个子节点而设置的，通过给子节点的 IP 发送不同的指令来达到管理子节点的目的。综上所述，系统需要实现六个功能，按照系统使用顺序，分别是分布式爬虫、爬虫数据展示、城市地名库爬取、时间特征分析、空间特征分析和配置。系统的总体用例图如图 4-1 所示。

（一）分布式爬虫

　　分布式爬虫是系统的核心，也是系统的基础，其作用是采集相关的新浪微博数据，主要包括微博文本和微博用户数据。

　　在进行分布式爬虫之前的准备工作是先更新 cookies，在爬虫过程中使用多种不同的 cookies 可以降低被反爬虫识别的概率，从而提高系统的稳定性。更新

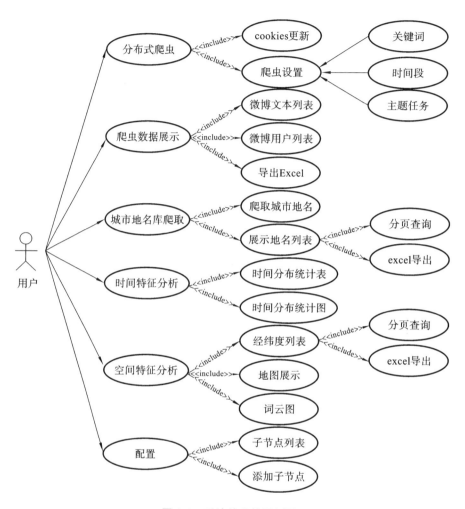

图 4-1 系统的总体用例图

cookies 是系统自动开启一个浏览器，自动输入微博账号和密码，然后手动输入验证码，在系统自动登录后获取 cookies 并存储在数据库中。在进行爬虫时，需要设置关键词、时间段和任务主题三个字段。关键词是爬虫搜索条件之一，可以是一个，也可以是多个，中间用空格隔开；时间段是爬虫搜索条件之一，只抓取这个时间段之内的微博数据；任务主题是为了系统复用，对多次爬虫任务进行区别的字段，系统中通过该字段可以获得爬虫任务的相关数据。

(二) 爬虫数据展示

新浪微博的爬虫数据主要包括两个部分：一是微博文本的数据展示；二是微博用户。通过爬虫主题任务名称，获得相关的爬虫数据，并通过列表的形式呈现。微博文本列表主要展示 ID、文本内容、坐标、发布时间、点赞数、评论数和转发数等信息；微博用户列表主要展示 ID、用户名、注册地、认证信息、个人简介和性别等信息。由于数据量较多，列表不能一次性全部展示完，因此需要有列表分页功能，每页展示固定数量的信息。此外还需要有数据导出功能，将每条记录按照列表的顺序导出到 excel 文件中。

(三) 城市地名库

城市地名库爬取主要是为后续的时空信息挖掘做准备工作。主要分为两个部分：一是地名库抓取；二是展示抓取到的地名库。地名库抓取是在中国物流行业网上按照城市来进行，通过城市名，爬取到该城市的所有社区级的行政区域名称，然后将这些区域名称逆编码转换成经纬度坐标存储在数据库中。展示地名库列表时，输入相应的城市名，就能从数据库中查找到相关的行政区域名称，并以列表的形式分页展示。同时可以将获取到的地名库列表信息导出到 excel 文件中。

(四) 时间特征分析

时间特征是灾害信息挖掘中重要的一个因素，按照时间顺序分析各个时间段的微博发布数量并进行分析。灾害持续时间通常是半个月左右，所以在时间选取上需要采用合适的颗粒度，本系统以天为单位对微博数据进行时间特征分析。为了直观显示微博发布数量随灾害演变而变化，采用统计表和统计图的形式来展示。通过爬虫任务名、起始时间和结束时间，从数据库中统计相应条件下每天的微博发布数量。统计表主要通过展示日期和每日的微博数量，以列表的形式呈现，统计图则是以直观的折线图和条形图形式呈现这些信息。

(五) 空间特征分析

空间特征是灾害信息挖掘中的另一个重要因素。微博数据中含有三种位置信息：一是微博文本中的地名信息，通过地名识别算法找出其中的地理位置名词并转换成经纬度坐标存储在数据库中；二是微博发布时的签到位置，具有明确的经纬度坐标；三是用户注册地，大多是省、市、县级别的地名，区域范围比较大。因此在该模块设置了三个功能：第一个功能是展示位置坐标列表，通过任务名查询所有位置坐标，以分页列表的形式呈现，主要展示 ID 和经纬度坐标，同时可以导出成 excel 文件；第二个功能是将文本位置和签到位置的坐标点找出来，并将这些坐标点在地图上标记出来，同时用户可以通过鼠标对地图进行缩小、放大和拖拽等操作；第三个功能是将用户的注册地以词云图的方式进行呈现，注册地出现的词频越高，在词云图中展示的字体就越大。

（六）配置

配置功能主要是为了管理分布式爬虫的子节点而设置的，每一个爬虫子节点对应一个 IP，通过对相应 IP 的管理实现对子节点的管理。该模块有两个功能：一个功能是以列表形式展示爬虫子节点，分别展示子节点的 ID 和 IP 地址，支持分页功能，同时对列表中的子节点可以进行删除操作；另一个功能是添加子节点，输入一个合法的且有真实服务器与之对应的 IP 地址，即可将该节点添加到数据库中。

二、系统非功能性需求

除了系统功能性需求需要分析外，系统非功能性需求也是很重要的一环，会影响用户体验和后期维护工作的难易程度。系统非功能性需求主要包括系统性能、可靠性和可维护性。

（一）系统性能

系统性能主要体现在系统的响应时间和并发处理上。本系统是单用户操作的，不存在并发问题，因此主要矛盾在于系统响应时间，而响应时间主要与环境、数据量大小和数据处理能力有关。评价指标是，对于分布式爬虫获取数据这个流程而言，在设定 3 个关键词和 15 天的时间段的情况下，数据采集控制在 30 分钟以内完成；对于表格和图形渲染，初次运行时可能需要对数据进行处理，设定系统的响应时间不超过 10 秒。

(二) 可靠性

可靠性是指系统在规定时间内，在规定的运行环境中能够实现特定的功能。对于系统来说，可靠性是十分重要的。评价指标是，在完整运行一个爬虫任务期间，能够不出现 bug。

(三) 可维护性

可维护性是指对系统的后期维护和功能扩展的难易程度。良好的可维护性建立在良好的代码架构之上。评价指标是，在系统出现故障时，能够在半小时内定位出错误，并让其恢复正常。

第二节 分布式爬虫总体设计

一、总体架构设计

在对系统进行设计时，技术架构往往起到关键作用。一个合适的技术架构可以大量减少系统开发的工作难度和工作量，还能提高系统的稳定性和扩展性。

本系统采用四层架构，最底层是数据采集层，是抓取微博数据的主要层级，通过 Scrapy-Redis 框架和反爬虫技术，对微博开放平台进行数据爬取，根据爬取规则获取关键数据信息。往上一层是数据存储层，先将抓取到的数据进行预处理，主要包括数据清洗和数据变换技术，将原始数据转换成适合挖掘分析的数据形式后存放在 MySQL 数据库中，可以通过数据库可视化软件 Navicat Premium 进行查看和搜索。此外，可将记录导出成 excel 文件。再往上就是数据挖掘层，本系统有两个挖掘目标：一个是时间特征信息，可以通过数据库查询技术进行；另一个是空间特征信息，采用地名库匹配和地名前后缀算法进行挖掘。最上层则是数据展示层，最终对于抓取的数据和挖掘的数据通过 Django 框架搭建的网站进行展示，主要是统计表和地图等的可视化，其中的图表需要用到 ECharts 库进行渲染和交互，地图展示可用高德地图组件进行。系统总体技术架构图如图 4-2 所示。

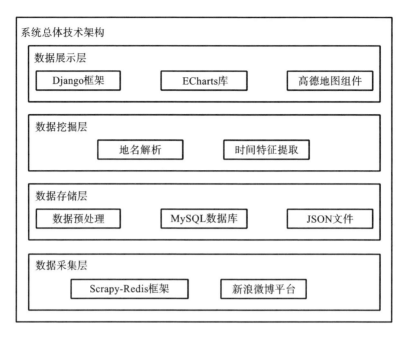

图 4-2 系统总体技术架构图

二、系统数据流设计

社交媒体数据信息是系统的基础，数据信息的变化和流向都可以作为判断系统某个模块功能是否正常的标志。对数据流的分析可以帮助我们从数据层面理解整个系统的运作流程。

最开始数据是在微博平台以微博帖子的形式存在，通过分布式爬虫和反爬虫技术，获取微博数据页面信息，此时的数据还是以页面 HTML 的形式返回的。对页面 HTML 数据进行抽取解析，获得微博信息和相关微博用户的信息。在抽取过程中可能存在数据缺失等问题，因此需要对这些数据进行预处理，主要是对数据进行清洗，整理成规范合理的数据，并将这些数据存入 MySQL 数据库。以上是数据采集部分数据流的设计。

在进行数据处理时，如文本中的地名识别等，则是先从数据库中提取微博信息和微博用户信息，然后对文本进行模型计算，最终将得到的地名写入数据库。这一部分是数据的双向流动。系统数据流设计图如图 4-3 所示。

第四章 基于微博信源的分布式爬虫系统设计

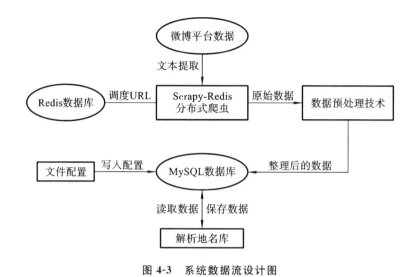

图 4-3 系统数据流设计图

◆ 第三节 功能模块设计

从前文可知，本系统主要分为六个功能模块，分别是分布式爬虫模块、爬虫数据展示模块、城市地名库爬取模块、时间特征分析模块、空间特征分析模块以及配置模块，下面针对这六大模块的具体实现进行方法设计和展示。

一、分布式爬虫模块设计

分布式爬虫模块是微博数据采集的基础，主要负责根据限定条件从微博平台抓取相关微博数据。这一模块涉及以 cookies 池技术及 User-Agent 池和 IP 代理为主的反爬虫技术、分布式爬虫搭建部署技术、数据存储技术以及初始 URL（统一资源定位符）选择方案，下面将从这几个方面依次进行设计。

（一）cookies 池设计

cookies 是由服务器返回的信息，其中构造规则和参数字段设置并没有清晰的方法，因此需要额外使用脚本构造 cookies 池。cookies 是登录微博平台后服务器返回的唯一标识信息，因此获取 cookies 的方法是使用账号登录微博平台，从返回的 Response 信息中提取出 cookies。

微博登录除了需要使用账号、密码外，还需要图形验证码识别。为了避免给系统额外带来复杂度，可以采用 Selenium 自动化模拟登录及人工识别图形验证码的方式，对多个微博账号进行登录，依次获取 cookies，写入数据库，从而构造 cookies 池。Selenium 是 Python 中常用的自动化测试库，可以通过程序模拟操作浏览器，搭配 Web Driver 可以对多种浏览器进行模拟，如 Firefox、Chrome 等。本系统使用 Selenium 和 Web Driver 模拟谷歌浏览器，运行脚本，自动打开微博登录页面，找到页面中登录的账号密码输入框，填入准备好的账号信息。然后人工识别图形验证码，在登录成功后的 Web Driver 的属性中提取 cookies。最后将 cookies 写入 MySQL 数据库。cookies 构造原理如图 4-4 所示。

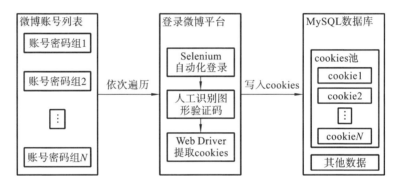

图 4-4　cookies 构造原理

（二）User-Agent 设计

User-Agent（UA）也称用户代理，是一个包含大量信息的字符串，服务器通过 UA 能够识别出客户端的操作系统版本、浏览器版本、语言、渲染引擎等。在爬虫中使用多个不同的 UA，可以使服务器误认为是多个用户在访问网站，因此可以达到绕过反爬虫机制的目的。

User-Agent 可以根据操作系统和浏览器的信息不同而进行拼接，其标准格式是：浏览器标识（操作系统标识、加密等级标识、浏览器语言）渲染引擎标识版本信息。比如：Mozilla/5.0（Macintosh；U；Intel Mac OS X；en；rv：1.8.1.6) Gecko/20070809 Camino/1.5.1。在这个基础之上，可以拼接出多种 User-Agent，加入到 UA 池中。通常在 setting.py 文件中添加数组列表作为 UA 池进行维护。在每次访问网页时，从 UA 池中选取一个 UA 字符串加入到访问请求中。为了尽量模拟成不同用户的操作，对于 User-Agent 的选择不应具有规律性，因此需要使用随机函数从 UA 池中随机获取。

（三）IP 池设计

在分布式爬虫过程中，IP 往往是识别爬虫机器人的一项指标，同一个 IP 短期内频繁访问网站则可能会被识别成爬虫程序，从而被限制访问。为了避免这种情况，需要设置 IP 代理。

在 IP 代理过程中，如何获取有效 IP 是最核心的问题。一般获取 IP 有两种方式：一种是从代理网站上免费抓取可用 IP，这种方法比较简单，可以抓取大量 IP，但是其中有效 IP 数量较少；另一种是付费 IP 代理，通过提供的接口，一次获得 5 个或 10 个有效 IP，可以多次调用接口进行。采用第一种方式得到的有效 IP 较少，往往需要经过大量筛选才能得到有效 IP，对爬虫不友好，因此选用 IP 付费代理方式。获取 IP 的方法是，把账号和密码拼接成 URL 后，通过 GET 请求进行访问，返回一个 JSON 格式的数据，IP 信息和 Port 信息就包含在 JSON 数据之中，解析 JSON 数据即可获取。

获取 IP 之后还需要进行验证，判断该 IP 是否有效，如果有效则可以用该 IP 进行爬虫；如果无效则需要再次调用 IP 代理请求重新获取 IP。验证 IP 的有效性，本系统使用的方法是：在 Request（请求）中，设置 ProxyHandler 的 IP 属性，再使用这个 Request 去访问百度网站，如果返回的 Response 信息中返回码是 200，则说明 IP 有效，否则无效。在 IP 验证通过之后，则需要在分布式爬虫的 middleware.py 文件中对访问的 Request 使用代理 IP，同样是设置 ProxyHandler 的 IP 属性。

（四）Scrapy-Redis 的配置与部署

Scrapy-Redis 是一个复杂而灵活的框架，复杂在于框架中包含的模块比较多，各个模块执行相应的功能；灵活体现在各个模块的功能可以通过配置进行管理和修改。具体的技术原理在前文已经做了介绍，此处只对 Scrapy-Redis 在本系统中的配置与部署进行介绍。

（1）Redis 配置。Redis 服务器主要为多台主机提供爬取队列并对队列进行去重，为了多台机器能访问，需要将 Redis 服务器安装在可公网访问的环境中，并将 Redis 服务器的 IP、端口（默认是 6379）、密码等记录下来，在 setting.py 中进行连接配置。连接配置有两种方式，一种是用 Redis 的地址、端口、密码字段等拼凑成字符串，拼接规则是 redis：//［password］@host：port/db，在配置文件中将其赋值给REDIS_URL即可完成；另一种则是分项单独配置，REDIS_HOST=[IP]，REDIS_PORT=[PORT]，REDIS_PASSWORD=[PSD]，这种方式更灵活。

（2）持久化配置。持久化是将分布式爬虫采集到的微博数据存储到数据库中。与Redis数据库一样，多个子节点需要将各自抓取到的数据都存储到MySQL数据库中，因此MySQL也需要安装到可被外网访问的服务器上，在程序中通过PyMySQL类进行连接。

（3）其他配置。由于Scrapy-Redis是在Scrapy项目的基础上进行修改得到的，除了上述数据库配置以外还有其他配置需要修改。调度器和去重器都需要修改成Scrapy-Redis提供的类来实现。配置调度队列默认是优先级队列PriorityQueue，可以根据需要进行修改。在爬虫程序出现意外中断时，也可以通过配置让爬虫程序重新开始。

（4）分布式爬虫部署。分布式爬虫部署主要通过Scrapyd库和Docker容器来实现。Scrapyd是一个运行Scrapy爬虫的程序，提供了许多接口可以对爬虫程序进行部署、启动、删除、停止等操作。Scrapyd的工作原理是，在各个子节点安装Scrapyd程序，用于接收主节点发送过来的信息；在主节点安装Scrapyd-Client程序，一方面将爬虫程序打包成Egg文件并部署到Scrapyd上，另一方面通过JsonAPI对子节点进行启动、删除、停止爬虫等操作。使用Scrapyd的好处是，当爬虫程序被修改后，不需要对每个节点的程序进行操作，只需要对主节点重新打包Egg并重新上传新版本即可。但坏处是，每个子节点必须安装Scrapy程序，需要安装Python并且配置环境，在子节点比较多的时候，会导致工作量特别大，因此需要配合Docker一起进行。Docker是一种轻量级的操作系统虚拟化容器，类似于虚拟机，但是比虚拟机更轻量。Docker的工作原理是，先根据需要的基础软件和环境配置文件等制作一个镜像，然后将镜像上传到Docker仓库中，最后客户端可以从仓库中拉取镜像，这样就避免了每个客户端自己安装软件、配置环境等操作。使用Docker可以实现更快速的部署和管理，也能更高效地利用资源。本系统使用腾讯云后台制作镜像，主要包括Scrapyd安装和Python环境配置。分布式爬虫部署原理如图4-5所示。

（五）网页信息解析技术

Scrapy-Redis分布式爬虫的下载器访问微博URL得到的Response中的内容是HTML文件，所需爬取的微博信息在HTML文本中，需要使用网页信息提取

第四章 基于微博信源的分布式爬虫系统设计

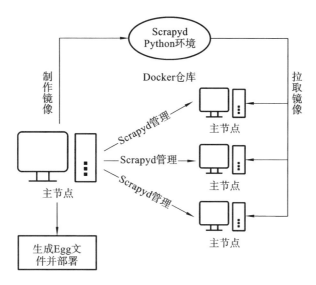

图 4-5 分布式爬虫部署原理

技术，即利用网页中标签的名称、类别和属性等特点找到相关标签，并通过该标签获取目标信息。网页信息提取流程如图 4-6 所示。

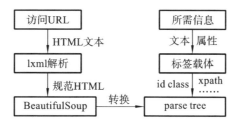

图 4-6 网页信息提取流程

在爬虫程序中，需要解析的页面结构往往是比较一致的，只需要设置一个页面解析模板即可多次复用。目前在爬虫页面解析中，BeautifulSoup 是比较流行的依赖库之一，可以将结构化的 HTML 文本解析成 parse tree，并且提供搜索和修改 parse tree 的一些操作，能够方便地为用户提取 HTML 中的信息。

BeautifulSoup 库往往需要搭配一个解析器共同作用。解析器是为了读取 HTML 文本，并且对部分不规范的 HTML 文本进行规范化处理。读取工作完成后，由 BeautifulSoup 将其转换成 parse tree。Python 中默认的是 html.parser 解析器。本系统为了拥有更快的速度和更强的容错能力，选择使用 lxml 解析器。

技术工具选择完成后，需要人工对页面结构进行观察解构，寻找方法按顺序找到所需要的标签。BeautifulSoup 提供了多种查找元素的方法，可以通过标签名称 id，class 等查找，也可以通过组件之间的位置关系如兄弟节点、子节点、父节点进行查找，还可以通过标签的属性值进行查找，此外还可以结合正则表达式进行查找。找到标签之后，主要是获取标签的文本或者某些属性值，BeautifulSoup 也提供了相应的 API 进行操作。如 ne=beautifulsoup.find_element_by_xpath('//*[@id="pl_feedlist_index"]/div[2]/div[7]/div/div[1]/div[2]/div/div[2]/a')，是通过 xpath 方法找到标签 ne，再通过 ne.text() 可以获取标签的文本，也就是微博用户名。以此类推，可以获取本系统所需要的微博信息和微博用户信息。

（六）初始 URL 选择方案

系统采用 https：//s.weibo.com 作为爬虫的站点。对新版本页面站点进行源码分析可以发现，微博高级搜索的 URL 是由基础域名 https：//s.weibo.com/weibo 和一些搜索参数拼接而成的，如表 4-1 所示。

表 4-1　URL 拼接参数表

功　　能	参　　数	示　　例
搜索关键词	q	白鹿台风
搜索时间	timescope	custom：2019-08-23-1：2019-09-10-1
搜索类型	typeall	1
搜索包含内容	suball	1
搜索页数	page	2

其拼接规则是，域名？参数 1=值 1&参数 2=值 2&……&参数 n=值 n。如表 4-1 示例拼接的 URL 是：https：//s.weibo.com/weibo?q=白鹿台风&timescope=custom：2019-08-23-1：2019-09-10-1&typeall=1&suball=1&page=2。

在本系统的分布式爬虫模块中，根据用户输入的关键词列表和搜索时间段，就可以通过循环代码为每一个关键词进行时间和页数的拼接，并将其作为分布式爬虫的起始 URL，放入 Redis 数据库。

二、爬虫数据展示模块设计

爬虫获取的数据是比较原始的微博数据，有很多信息不符合要求，因此需要对数据进行预处理。处理完成之后，需要将数据进行存储。上述工作完成后，可以通过爬虫任务名获取数据库中的相关数据，并以列表的形式分页展示，同时支持数据导出成 excel 文件。

(一) 数据预处理

从网页获取的微博数据往往是不规范的，需要对数据进行预处理。获取的微博信息和微博用户信息存在如下问题：微博中含有大量的表情符号，本系统只针对文本进行分析，因此需要将表情符号清除；微博用户注册地也有多种形式，比如"浙江杭州"这种是省市形式，也有"上海长宁区"这种市区形式，也有"福建"这种以单一省份为注册地的，还有缺省值形式，对此需要进行格式的统一；发布微博时坐标位置是可选的，有的微博有发布的坐标位置，如"武汉·彩虹郡"，而大部分微博没有发布坐标位置，对于地理位置通常采用的是经纬度坐标的形式，因此需要对坐标位置的缺省值和形式进行处理。

表情符号删除。微博文本中的每一个表情符号在 unicode 中有对应的编码集，因此，只需将文本中每一个字符进行 unicode 编码并进行判断。如果该字符在表情符号编码集里，就用空白替换掉，否则予以保留。还可以使用正则表达式，找出匹配的表情符号进行替换。对于用户注册地，越小的地名越精确，因此本系统将用户注册地按照空格切分成多个地名，取最后一个即为最小注册地。

微博发布的位置。微博发布的位置不是必选的，因此部分微博的发布位置是缺省的，对于缺省的值，在这里不做处理，在后面会介绍坐标位置的提取。对于有位置信息的，如"江岸区"等，是以文字形式出现的，与本系统空间特征分析的要求不符，需要转换成经纬度坐标的形式。当前有多种地图平台提供了地名与经纬度坐标转换的接口，其中比较主流的有高德地图、百度地图、腾讯地图等。本系统选择使用高德地图。首先需要在高德地图开发者平台进行注册，申请得到一个开发者 key；然后拼接 HTTP 请求 URL，拼接参数字段如表 4-2 所示。最后将返回的数据进行解析，一般是 JSON 或者 XML 格式。

表 4-2 拼接参数字段

基础域名	http://restapi.amap.com/v3/geocode/geo? parameters
城市	city
地址	address
密钥	key
输出格式	JSON

（二）数据存储

系统使用 MySQL 数据库存储爬取的微博数据。系统的数据采集使用的是 Scrapy-Redis 框架，显示则是通过 Django 框架搭建的小型网站进行。两个框架都可以连接 MySQL 数据库，但是 Django 框架采用 MTV 模型，数据库连接通过修改配置文件进行，并且数据库的操作可以通过 Model 进行。因此，本系统使用 Django 框架连接 MySQL 数据库。

在 setting.py 配置文件的 DATABASE 栏目下添加 MySQL 数据库引擎、数据库域名、端口号、用户连接账号和密码即可。在程序中使用则是通过 Model 实例进行的，对数据库的增删改查操作，不需要通过烦琐的 SQL 语句进行，只需对 Model 类实例进行函数调用即可。以保存微博文本数据为例，第一步是在 models.py 文件中创建 Blog 类，表示微博文本模型，包含文本信息、发布时间、点赞数等字段，运行后数据库中会生成微博数据表，字段与 Blog 类一一对应；第二步是创建一个 Blog 类实例，并对其字段进行赋值，如 blog = Blog（context = '微博文本信息'，time = '2019 年 08 月 07 日 16 时 21 分'）；第三步是调用 blog.save() 函数保存数据，函数执行成功后会将这些数据以记录的形式保存在对应的数据表中。

（三）数据分页展示

由于数据量比较多，一次性全部显示的话一方面会增加数据查询、传递的时间，另一方面会增加页面渲染的工作量，不利于用户体验。因此显示的时候需要分页进行，每页展示 10 条记录，点击下一页则刷新页面显示另外的 10 条记录。分页显示功能的实现分以下几步：通过 Model 的查找函数得到所有数据的总数，每页显示 10 条，可以计算出总共页数；设置一个参数 current_page 记录当前的页数，默认从第 1 页开始，每次点击下一页则将其加 1；通过 Model 和 current_page 从数据库中找出当前需要显示的 10 条记录，并将数据传递给前端页面；前端页面通过 Bootstrap 渲染框架中的 table 模板进行显示。默认模板在程序中可以修改，数据展示中，微博文本数据展示 ID、文本内容、经纬度坐标、发布时间、点赞数、评论数和转发数；微博用户数据主要展示 ID、用户名、注册地、认证信息、个人简介和性别。

（四）导出成 excel 文件

为了方便数据的传递，本系统支持导出数据到 excel 文件的功能。导出功能与显示功能不同，需要一次性把相关的所有数据导出。这个功能的实现分为三个步骤：第一步是通过 Model 和输入的指定爬虫任务名称获取数据库中相关数据；第二步是创建一个 excel 文件，并将每条数据按行记录在 excel 表格中，这些功能通过 openpyxl 依赖库实现，这个是基于 Python 的可以创建、修改 excel 且使用便捷的第三方库；第三步是给文件命名并且指定路径及进行保存，本系统中默认使用任务名作为文件名，如"利奇马.xlsx"，并保存在桌面。

三、城市地名库爬取模块设计

城市地名库的作用是，保证文本在进行分词时，位置地名不被错误切割。比如"九江市长江大桥"，使用 Jieba 分词可能会有多种结果："九江市 \ 长江大桥""九江 \ 市长 \ 江大桥"等，如果地名库中有这个词，那么在 Jieba 分词时引入地名库可以保证"九江市长江大桥"这个词不被切分，从而保证位置地名的完整性。本系统中城市地名库是从中国物流行业网中抓取的各个地区的行政地名。本模块分为三个功能：城市地名库的抓取、城市地名库的展示和城市地名库的导出。

城市地名库的抓取。输入城市名称，即可获取该城市的所有行政地名。中国物流行业网分为三级结构：第一级展示所有城市信息；第二级展示城市中所有街道信息；第三级展示街道中所有小区信息。本文需要的是最小粒度的小区信息。第一步需要从中国物流行业网的首页抓取所有城市信息，主要是每个城市对应的网页链接，并保存在数据库中。第二步，判断地名库中是否有输入的城市名，如果有则说明该城市名之前抓取过，不需要重复工作；如果没有，则需要进行爬取。第三步，找到该城市名对应的网页链接，抓取该网页中所有的街道级别的地名，以及对应的链接。第四步是根据街道网页链接，抓取所有的社区级别的行政名称，并保存在数据库中。这部分功能使用简单 request 爬取网页，在返回的 response 信息中通过 BeautifulSoup 库解析出需要的信息即可完成。在爬虫程序完成之后，通过 Django 传递数据，在前端网页显示本次抓取的地名总数。

城市地名库的展示和城市地名库的导出。这两个功能的实现与爬虫数据展示中的技术原理类似，都是通过 views 先找到所有的数据，然后设置分页的 current _page，再展示相关的数据。城市地名库的导出，也是通过将数据写入 excel 文件来实现的，文件默认以城市名命名，保存在桌面。

四、时间特征分析模块设计

时间特征分析模块是灾害信息挖掘的一个重要组成部分，挖掘出微博数据中的时间信息及其随着灾害演变而变化的情况，对于灾害态势感知和灾害信息管理具有重要意义。通过输入爬虫任务名、起始时间和结束时间，查询微博的时间分布情况。这一模块主要涉及微博时间转换和图表可视化技术。

（一）时间转换

纵观微博时间，总共有七种时间形式，分别是"2020 年 12 月 18 日 13：36""2021-02-25 08：32 转赞人数超过 200""02 月 19 日 20：19""今天 06：50""10 分钟前""20 秒前""今天 08：32 转赞人数超过 200"。时间格式的不统一，会导致按照时间查询出现问题，因此需要将微博时间转换成统一的形如"MM-DD HH：MM"的格式。对于一条微博的时间数据，首先使用文本匹配的方法确定是这七种形式中的哪一种。如果微博时间是七种形式中的前三种，也就是含有具体的日期和时间，就可以使用正则表达式的方法提取出日期和时间，然后构造成需要的格式。正则表达式是一种文本匹配方法，可以检查一个字符串是否有某个字串或者取出含有某种条件的字串。比如"2020 年 12 月 18 日 13：36"这种形式，通过如下正则表达式进行：

obj＝re.findall（r′（.＊?）年（.＊?）月（.＊?）日（.＊?）：（.＊?）′, re.I）

然后可以从 obj 对象中分别提取出年、月、日、小时和分钟的数值，最后将数值拼接成需要的格式。如果微博时间形式是后四种，也就是没有具体的日期或者时间，需要靠当前时间的信息往前推算，则需要首先获得当前时间的信息，然后进行数据推算。以"10 分钟前"为例，先通过上述正则表达式提取出数字 10，以 num 表示，然后使用现在时间往前推算：

num＝（datetime.now（）-num）.strftime（′％m-％d％H：％M′）

时间格式统一之后，使用数据库查询技术从数据库中按时间顺序查询微博数据。本系统是以天为单位描述微博的时间分布，首先计算每天的微博数，并将数据传递给前端页面进行可视化。

（二）图表可视化

可视化有两种展示形式：一种是数字统计形式的表格；另一种是更直观的条形图和折线图，主要是使用ECharts框架。ECharts框架是基于JavaScript的开源可视化框架，兼容大部分浏览器，同时也提供了丰富的可视化类型图表，如常用的折线图、柱状图、饼图，用于地理数据可视化的热力图、地图，用于关系数据可视化的关系图、旭日图，用于BI的漏斗图等。此外，还可以根据用户需求定制可视化图表。本系统中，将数据封装成list，分别设置横轴xAxis和纵轴yAxis数据，并设置图表的title，通过ECharts框架即可生成相应的图表。并且图表可以与用户进行交互，当鼠标置于图表上时，会在鼠标旁显示出该处的数据信息。

五、 空间特征分析模块设计

空间特征分析模块是灾害信息挖掘的重要组成部分，挖掘出微博数据中的位置分布信息，及其随着灾害演变而变化的分布情况，对灾害的感知和管理具有重要意义。在微博数据中，存在三种地理位置：第一种是微博的签到位置，即微博结尾处的位置标签；第二种是微博文本中出现的地名；第三种是用户的注册地，一般是省市县级别的位置。三种位置信息在性质上是有很大区别的，微博签到位置是用户发帖时的设备定位地址，相对而言更能代表用户的活动轨迹，但是只有少部分微博是含有签到位置的。微博文本是用户对灾害的描述信息，其中的地名位置往往是受灾的分布点，受灾越严重的地方，被微博提及的次数往往越多。用户注册位置，一般是省市县等大范围的地名，不适合精确定位，但是可以反映用户分布区域。根据Acar和Muraki的理论，越靠近灾害点的用户越倾向于发布帖子，因此用户的分布区域往往也能反映灾害范围区域。三种位置信息都是有用的，因此三种位置在数据处理时均需要予以关注。这个功能模块涉及文本位置识别、地图可视化和词云图。

（一）文本位置识别

首先需要对微博文本进行分词，按顺序把一整段微博文本切割成一系列短词语，这一步骤需要借助Jieba。Jieba是一种基于统计的分词工具。对于一段话，可能会产生多种分词结果，需要准备一个自定义的分词词典，在Jieba进行分词时按照自定义的词典权重进行，保证词语切分的准确性。自定义词典的制作，也就是将城市地名库中的地名位置给定一个 ns 标签属性，导出成 txt 文件并作为 jieba 分词的词典。

其次使用前后缀进行判断。在 Jieba 分词完成后，会得到一个词语列表，对列表中的每个词进行分析。如果一个词是前缀词，那么将它的后一个词提取出来；如果一个词不是后缀词，但以后缀词结尾，那么将这个词提取出来；如果一个词是后缀词，那么提取出它的前一个词，并判断词性是否 ns，是 ns 的话就提取出来。前缀词和后缀词是人工基于地名规律提前标记的，比如前缀词有"位于""坐落""分布""处在"等，后缀词有"路口""交叉口""村""大道"等。

最后将位置信息存储在数据库中。上一个过程提取出的词语也就是地名，将地名进行逆编码得到经纬度，存储进数据库中。逆编码主要通过高德地图的 API 进行。

地名识别原理如图 4-7 所示。

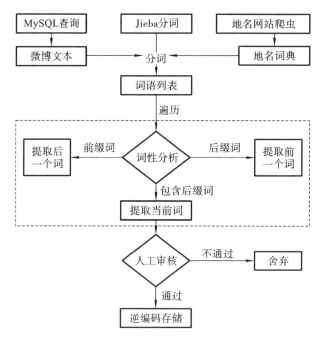

图 4-7　地名识别原理

（二）地图可视化

位置可视化展示。由于三种地理位置性质不同，因此在位置展示中也采用不同的方法。签到位置是用户活动轨迹的呈现,微博文本位置是用户对灾情的描述,两种位置都是用户对灾害的反映活动,并且都是细粒度的经纬度坐标,因此采用地图标点的形式进行地图可视化。而用户注册地的位置是用户归属地的分布,一般是省市县级别的地名,是粗粒度的,相较于地图展示,更适合以词云图的形式进行可视化。

本系统的地图可视化使用高德地图组件实现。第一步,需要在高德地图开发者平台申请 app_key,作为开发的唯一标识。第二步,在系统页面中引入相关的 Script 链接和地图 div 容器。第三步,通过输入的任务名,查找相关的所有地址列表,并将这些坐标数据传递给前端。第四步,在页面的 js 函数里,将传过来的坐标列表数据交给高德 Amap 容器进行处理。第五步,高德 Amap 容器根据坐标列表进行标记点渲染。通过以上五个步骤,将数据库的坐标点标记在地图上。

通过地图组件的 zooms 参数设置地图的缩放参数范围。通过 AMap.ToolBar 给地图添加工具条,可以对地图上下左右移动。通过 AMap.Scale 给地图添加缩放比例条,同时通过滚动鼠标可以控制地图的缩放程度。

(三) 词云图

词云图是一种基于词频的词语分析图,一个词语出现的次数越多就用越大的字体展示,反之则越小。词云图的生成依赖 wordcloud 库进行,wordcloud 库提供了方便的操作接口,可以设置词云的背景图、像素、缩放比例等,是目前生成词云图比较常用的工具。本系统对用户注册地进行词云分析,需要四个步骤。第一步,通过 views 查询所有相关用户的注册地信息,拼装成一个长字符串,中间用换行符隔开。第二步,将字符串转交给 wordcloud 库进行处理,设置最终图片的大小和缩放比例。第三步,设置词云图的保存路径,默认的路径是保存在系统的/static/img 文件夹下,文件名是当前时间加".jpg"字符串。第四步,通过 js 函数修改 img 标签中的资源路径为上一步骤中的文件路径,从而在页面中显示词云图。

六、配置模块设计

配置模块是通过 IP 来管理爬虫子节点的,由于主节点和子节点服务器安装了 Scrapyd 程序,因此可以通过给子节点 IP 发送 Scrapyd 命令达到管理子节点的目的。这个模块有两个功能,分别是分页展示子节点列表和添加子节点。

分页展示子节点列表的功能原理跟爬虫数据展示模块一致,都是通过 Model 查找相关数据,然后使用 current_page 设置分页,最终通过 template 模板进行渲染。

添加子节点则是通过 Model 新增一条 IP 记录,每个 IP 对应一个子节点。

第四节 数据库设计

数据库是系统设计中重要的一环,通过设计数据库,可以更清晰地理解数据之间的关系和流向,此外还可以给系统带来更好的扩展性。MySQL 是目前主流的数据库之一,也为开发者提供了许多便利的 API,本系统使用 MySQL 数据库。

一、数据库 E-R 模型

本系统的 E-R 模型主要分为两个部分:一部分是为反爬虫准备的数据;另一部分是爬虫过程的数据和信息挖掘产生的新数据。反爬虫数据主要是提前准备的微博账号表和 cookies 表,爬虫过程主要涉及爬虫任务表、微博用户表和微博数据表,数据挖掘主要涉及位置表。反爬虫脚本 E-R 模型如图 4-8 所示。系统 E-R 模型如图 4-9 所示。

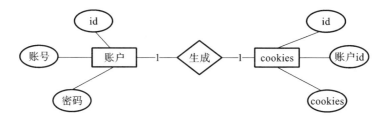

图 4-8 反爬虫脚本 E-R 模型

二、数据库表设计

微博账号表和 cookies 表,是在运行爬虫程序之前,为了构建 cookies 池而建立的,分别如表 4-3 和表 4-4 所示。

第四章 基于微博信源的分布式爬虫系统设计

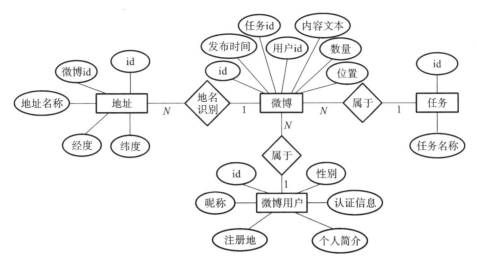

图 4-9 系统 E-R 模型

表 4-3 微博账号表

字 段 名	数据类型	是否为空	描 述	说 明
id	int（0）	否	id	主键
account	varchar（255）	否	微博账号	—
password	varchar（255）	否	微博密码	—

表 4-4 cookies 表

字 段 名	数据类型	是否为空	描 述	说 明
id	int（0）	否	id	主键
account_id	int（0）	否	微博账号 id	外键
cookies	varchar（255）	是	cookies	—

在爬虫程序开始时，为了程序可以复用，需要设置当前爬虫任务，记录在任务表中，如表 4-5 所示。

表 4-5 任务表

字 段 名	数据类型	是否为空	描 述	说 明
id	int（0）	否	id	主键
task	varchar（255）	是	任务名称	—

爬虫程序主要抓取微博用户信息和微博数据信息，分别如表 4-6 和表 4-7 所示。

表 4-6 微博用户表

字 段 名	数 据 类 型	是否为空	描 述	说 明
id	int（0）	否	id	主键
name	varchar（255）	否	微博名称	—
verify	varchar（255）	是	认证信息	—
gender	int（0）	是	1-男 0-女	—
register_address	varchar（255）	是	注册地	—
des	varchar（255）	是	个人简介	—

表 4-7 微博数据表

字 段 名	数 据 类 型	是否为空	描 述	说 明
id	varchar（255）	否	—	主键
task_id	int（0）	否	爬虫任务 id	外键
user_id	varchar（255）	否	微博用户 id	外键
content	varchar（255）	是	微博内容	—
up_num	int（0）	是	点赞数	—
comment_num	int（0）	是	评论数	—
trans_num	int（0）	是	转发数	—
location	varchar（255）	是	签到经纬度	—
time	varchar（255）	是	微博发布时间	—

爬虫程序完成后，需要对数据进行挖掘，产生的新数据主要是地址和微博文本情感值，为了数据复用，需要将这些数据存储在数据库中，如表 4-8 所示。

表 4-8 位置表

字 段 名	数 据 类 型	是否为空	描 述	说 明
id	int（0）	否	—	主键
wb_id	varchar（255）	否	微博 id	外键
address	varchar（255）	是	位置名称	—
longitude	float（0）	是	经度	—
latitude	float（0）	是	纬度	—

第五节 系统实现

系统实现是将前文中的系统设计进行编码的过程,根据系统的总体设计、功能模块设计和数据库设计的要求,将抽象的设计转换成具体的系统。

系统验证是通过具体的案例验证系统功能的正确性和可靠性。本文选取的案例为 2019 年两个典型的台风灾害,分别是利奇马台风和白鹿台风。两种台风的强度、影响范围和持续时间均不相同,微博用户对其响应也不相同,因此以这两个台风为例验证该分布式爬虫系统的灾害信息挖掘功能的正确性和可靠性。

下面先介绍系统实现的硬件环境和软件环境,然后以上述两个台风为例,论述系统的实现效果。

一、系统开发环境

系统开发环境是系统实现的基础,合适的开发环境有利于系统开发的稳定性。开发环境分为硬件环境和软件环境。

(一)硬件环境

本系统开发的爬虫主节点是本人的笔记本电脑,爬虫子节点则是在阿里云服务器上搭建的 4 个 CentOSServer 服务器,具体如表 4-9 所示。

表 4-9 硬件环境表

项 目	要 求
CPU	Intel(R)Core(TM)i5-6200UCPU@2.30GHz2.40GHz
内存	8GB(7.87GB 可用)
系统类型	64 位操作系统,基于 x64 处理器
硬盘	256GB SSD+1TB

(二)软件环境

本系统主要是基于 Python 和数据库相关软件进行开发的,具体如表 4-10 所示。

表 4-10 软件环境表

项　　目	用　　途	版　　本
Python	Python 开发环境	3.8.3
Pycharm	Python 开发工具	Windows2020.2
VmwareWorkStation	虚拟机管理软件	16.1.0
CentOSServer	开发环境操作系统	CentOS-7
Redis	数据缓存	4.0.2
Scrapy-Redis	分布式爬虫框架	0.6.8
MySQL	数据库	8.0
WordCloud	词云图片生成工具	1.5.0
ECharts	可视化工具	5.0.1

二、系统功能实现

本系统以两种台风为例来介绍系统的实现过程和实现效果。利奇马台风和白鹿台风是 2019 年两种典型的台风灾害，给沿海地区造成了巨大损失。利奇马台风从浙江登陆然后一路北上，而白鹿台风是从福建登陆然后向西运动，两个台风的强度和影响范围、程度均不相同。下面使用台风案例来验证系统的可行性；使用两种不同的台风进行实验，排除数据的偶然性，进一步论证系统的准确性和可行性。

（一）分布式爬虫功能实现

打开系统，默认呈现的是系统主界面，如图 4-10 所示。在主界面中，对系统功能和作用进行了简要介绍：基于分布式爬虫的社交媒体自然灾害信息挖掘系统，是通过输入特定事件关键词和特定时间段，爬取微博平台上的相关数据，识别其中的时间信息和地址位置，并对微博文本进行时间特征分析和空间特征分析，为自然灾害应急管理决策提供支持。使用顺序如下：第一步，更新 cookies；第二步，输入关键词列表、时间段和主题任务开始分布式爬虫；第三步，输入城市名，搜索该市全部地址；第四步，进行时间特征分析；第五步，进行位置特征分析。

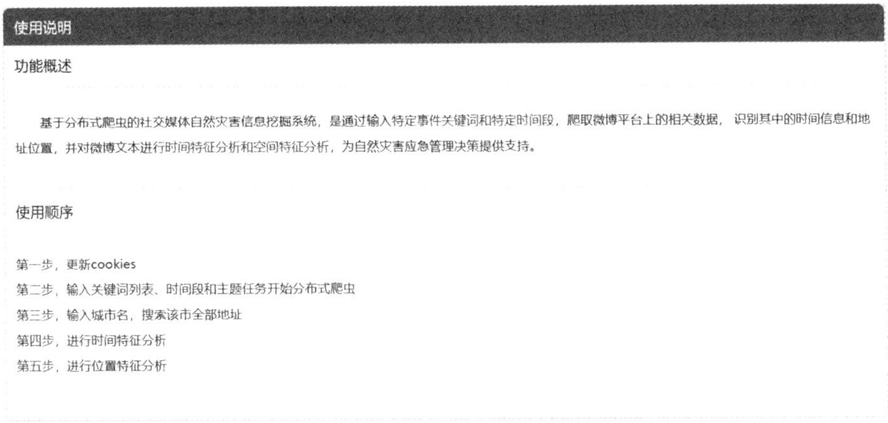

使用说明

功能概述

基于分布式爬虫的社交媒体自然灾害信息挖掘系统，是通过输入特定事件关键词和特定时间段，爬取微博平台上的相关数据，识别其中的时间信息和地址位置，并对微博文本进行时间特征分析和空间特征分析，为自然灾害应急管理决策提供支持。

使用顺序

第一步，更新cookies
第二步，输入关键词列表、时间段和主题任务开始分布式爬虫
第三步，输入城市名，搜索该市全部地址
第四步，进行时间特征分析
第五步，进行位置特征分析

图 4-10 系统主界面

在进行分布式爬虫之前，需要更新微博账号的 cookies，并将更新值写入到数据库中。脚本程序会运行谷歌浏览器，打开新浪微博登录页面，然后自动定位到账号密码输入框，把 MySQL 数据库中存储的账号密码输入进去，点击确定后再手动输入验证码。待登录成功后，脚本会将服务器返回的 cookies 写入到数据库中，为下一步的分布式爬虫提供数据支持。

此页面中有三个字段需要手动输入，分别是关键词、时间段和任务主题。关键词是需要在微博平台中进行搜索的词语，多个词语之间用空格间隔开；时间段是搜索中的一个字段，只爬取这个时间段之内的微博，格式是"YYYYMMDD-YYYYMMDD"；任务主题则是此次爬虫的任务名称，任务名称的设置可以使此次爬取的数据在数据库中跟其他任务数据进行区分，以达到程序多次复用的目的。两次台风所需设置的关键词、时间段和任务主题均不相同。利奇马台风爬虫设置的关键词为"利奇马台风 2019 年第 9 号台风 Lekima"，利奇马台风是 2019 年 8 月 4 日产生的，设置的时间段为"20190804-20190814"；此次爬虫的任务主题是"利奇马"。相同的思路，白鹿台风爬虫设置的关键词为"白鹿台风 2019 年第 11 号台风 Bailu"，设置的时间段为"20190821-20190902"，任务主题为"白鹿"。在字段设置完成后，点击确定按钮，后台会分别给四个 CentOS 系统的爬虫子节点发送 Scrapyd 请求信息，开启分布式爬虫的微博数据采集程序。以利奇马台风为例，进行分布式爬虫设置的系统爬虫界面如图 4-11 所示。

分布式爬虫系统的数据采集需要一定的时间，一方面是因为微博数据量多，另一方面是为防止被反爬虫技术屏蔽而降低了网页访问的频率。经过多次实验，在关键词为 3 个、时间段在 15 天时，爬虫任务能在半小时内完成。在分布式爬虫

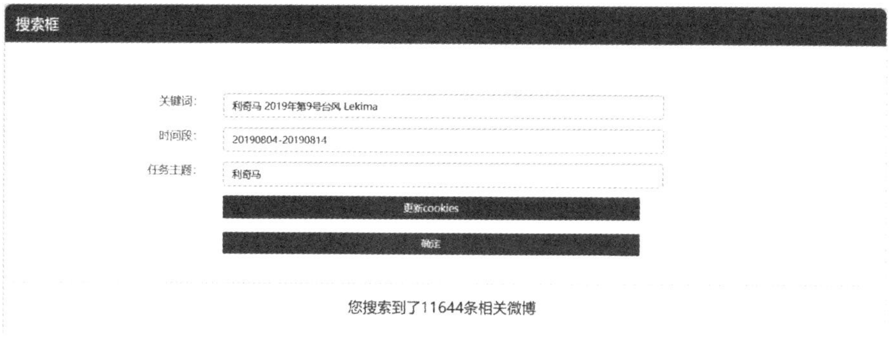

图 4-11　系统爬虫界面

数据采集任务完成后，会对数据进行清理：删除重复的数据，将各个字段转换为合适的格式等。最后，微博文本数据会被存储在 wb_data 表中，微博用户数据会被存储在 wb_user 表中。

（二）爬虫数据展示功能实现

在主页点击爬虫数据展示按钮，可进入数据展示页面。默认打开是展示微博文本数据，需要首先输入任务主题名称，然后点击确定。前端会从数据库读取数据然后分页展示，每页展示十条数据，微博文本数据主要展示微博 ID、微博文本内容、微博发布的签到位置坐标、发布时间、点赞数、评论数和转发数。如果微博没有签到位置，那么会显示 None。系统微博文本列表展示如图 4-12 所示。

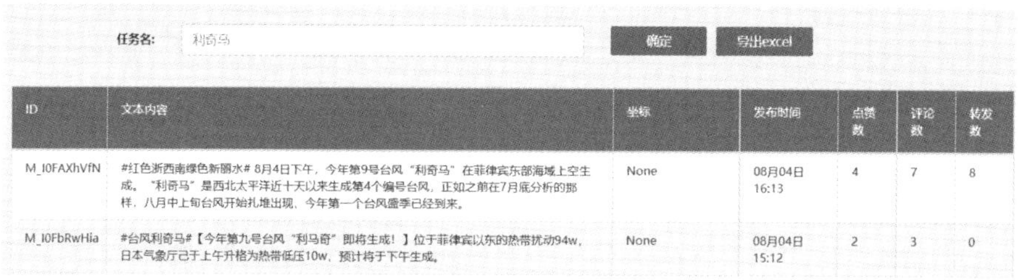

图 4-12　系统微博文本列表展示

点击查看微博用户列表按钮，可以查看微博用户信息。微博用户信息主要展示用户 ID、用户名、注册地、认证信息、个人简介和性别等字段，每页展示十条数据。也可以输入其他任务名称，点击确定，查看其他任务中的微博用户信息列表。其中认证信息、个人简介和用户注册地并不是必需的字段，因此这三个字段没有时显示 None。微博用户列表展示如图 4-13 所示。

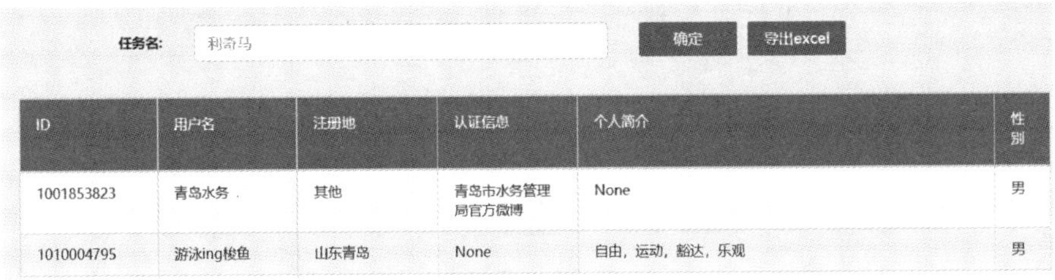
任务名:
利奇马
确定
导出excel
ID
用户名
注册地
认证信息
个人简介
性别
1001853823
青岛水务
其他
青岛市水务管理局官方微博
None
男
1010004795
游泳king梭鱼
山东青岛
None
自由，运动，豁达，乐观
男

图 4-13　微博用户列表展示

点击导出 excel 按钮，会在桌面生成一个“利奇马 . xlsx”的表格文件，文件内容是微博用户列表信息。

在分布式爬虫功能中，对利奇马台风和白鹿台风进行微博数据采集，获取数据如表 4-11 所示。

表 4-11　微博数据表

项目	微　博　数	签到位置数	用　户　数	含有注册地数
利奇马台风	11986	1491	7329	6551
白鹿台风	14141	917	4836	4371

（三）城市地名库功能实现

在主页点击城市地名库按钮，可以进入地名库抓取页面。输入城市名即可抓取相关的地名。通过观察相关新闻可知，利奇马台风和白鹿台风的影响范围大致是广东、福建、江西、湖南、广西、浙江、江苏、山东、辽宁、吉林和黑龙江等地，因此将这些地区的所有城市地名抓取下来。此处以浙江杭州为例进行演示。

输入杭州城市名，点击确定，爬虫程序完成后如图 4-14 所示。

点击地名库列表，输入城市名杭州，点击确定后即可展示该城市的相关地名，如图 4-15 所示。

（四）配置功能实现

在主页点击配置按钮，可以进入子节点列表页面（见图 4-16），会分页展示所有子节点列表，点击列表后的删除按钮，可将该子节点 IP 删除掉。点击添加子节点按钮，输入子节点 IP，点击确定按钮，则可以添加 IP（见图 4-17）。

图 4-14　城市地名库抓取展示图

图 4-15　城市地名库列表展示图

图 4-16　子节点列表展示图

图 4-17　子节点添加展示图

第六节　系统测试

一、功能测试

功能测试是本章的主要内容，在对系统数据流向进行全面了解后，设计关键的测试用例对系统功能进行全面测试。本系统有六大功能，每个功能里面又有子功能，仅选取其中关键的功能设计测试用例进行验证，如表 4-12 所示。

表 4-12　功能测试用例表

测试内容	测试步骤	预期结果	测试结果
分布式爬虫功能	1. 输入关键词 2. 输入时间段 3. 输入任务名称 4. 点击确定	底部出现开始爬虫的提示信息	验证通过
微博文本数据展示	1. 点击爬虫数据展示按钮 2. 输入任务主题 3. 点击确定	展示微博文本列表	验证通过
微博用户数据展示	1. 进入微博文本展示页面 2. 点击微博用户列表 3. 输入任务主题 4. 点击确定	展示微博用户列表	验证通过

续表

测试内容	测试步骤	预期结果	测试结果
时间分析统计图	1. 进入时间分析数据列表页面 2. 点击查看条形图按钮 3. 输入任务主题、起始时间和结束时间 4. 点击确定	以条形图和折线图的形式展示每个日期的微博数	验证通过
位置分析地图	1. 点击地图展示按钮 2. 输入任务主题 3. 点击确定	在地图上展示各个位置点	验证通过
位置分析词云图	1. 进入位置特征分析页面 2. 点击注册地展示按钮 3. 输入任务主题 4. 点击确定	以词云图形式展示用户注册地	验证通过

二、系统性能测试

系统性能测试主要是测试分布式爬虫的时间和可视化页面的响应时间，下面以四个关键功能的测试用例进行展示。测试时间使用 Chrome 的时间分析工具，可以测试该页面的网络访问时间、JavaScript 调用时间、页面渲染时间等，并给出一个总的消耗时间。

（一）分布式爬虫时间测试

输入关键词"利奇马 2019 年第 9 号台风 Lekima"，输入时间段"20190804-20190814"，输入任务主题"利奇马"，点击确定。预期结果是当关键词在 3 个以内并且时间段在 15 天内时，不超过 30 分钟完成爬虫任务。实际结果如图 4-18 所示，耗时 827642 ms，大约是 13.79 分钟，符合要求。

（二）时间分析统计图响应及渲染时间测试

先进入时间特征分析页面，然后输入爬虫主题任务"利奇马"，起始时间为"2019-08-04"，结束时间为"2019-08-14"，点击展示列表按钮，点击展示折线图按钮。预期结果是该页面响应时间不超过 10 秒。实际结果如图 4-19 所示，时间

图 4-18 分布式爬虫时间消耗图

分析特征页面展示时间分布列表、时间分布折线图和条形图的总耗时为 8203 ms，符合要求。

图 4-19 时间分析统计图响应及渲染时间消耗图

（三）位置地图响应及渲染时间测试

进入位置特征分析页面，然后点击地图展示按钮，输入爬虫任务名称"利奇马"，点击确定按钮。预期结果是该页面响应时间不超过 10 秒。实际结果如图 4-20 所示，位置地图响应时间及渲染时间总计为 3615 ms，符合要求。

（四）词云图响应及渲染时间测试

首先进入位置特征分析页面，然后点击注册地展示按钮，再输入爬虫任务名称"利奇马"，最后点击确定按钮。预期结果是该页面响应和渲染时间不超过 10 秒。实际结果如图 4-21 所示，词云图响应及渲染时间为 8085 ms，符合要求。

图 4-20　位置地图响应及渲染时间消耗图

图 4-21　词云图响应及渲染时间消耗图

第五章 基于网络媒体的灾害热点跟踪系统设计与开发

【导言】

互联网新闻和社交媒体等网络媒体中往往蕴含大量的灾害相关信息，如灾害发生位置、灾害现场图片等。本章以2016年发生于武汉南湖地区的特大洪涝灾害为例，探索了在严重洪灾期间使用用户生成内容及时发现和跟踪城市洪灾热点的潜力，并实现了互联网新闻的灾害热点挖掘系统。采用爬虫、自然语言处理等技术，以文本分类的方法对新闻报道分门别类，采用地理可视化方法提取严重受灾地区位置信息并实现对灾害动态演变发展趋势跟踪，并使用科学测量数据（如水位、降雨量等）对网络上地理标记内容的质量进行验证。研究表明，网络上的用户生成内容对于识别和跟踪洪涝灾害热点具有重要价值。

第一节 事件背景

武汉是湖北省的省会，2022年末2023年初全市常住人口1373.90万人。它位于东部江汉平原区域，属亚热带季风气候，长江穿城而过。城市每年降水量1150～1450毫米，多集中在6月至8月。由于暴雨、地势低洼、排水系统等不良的因素，历史上该座城市常常遭受洪水灾害的侵袭和影响。在新闻媒体报道中，该座城市也是雨季常被报道的洪涝灾害热点城市之一。

2016年是武汉进入21世纪以来受洪涝灾害影响较大的年份之一。受超强厄尔尼诺现象影响，该年份长江流域降雨量较往年明显偏多。历史资料表明，厄尔尼诺事件达到峰值后的第二年，夏季长江流域和江南所在城市容易出现洪涝灾害，例如，1983年和1998年在武汉发生的洪水，在洪水事件发生的前一年，厄尔尼诺现象均曾达到峰值。资料显示，2014年9月开启的厄尔尼诺现象新周期，于2015年11月达到峰值，其强度已经超过1982/1983、1997/1998年周期的厄尔尼诺现象，增加了随后几年武汉城市洪涝灾害风险。

2016年武汉分别经历了"6·1"暴雨事件和"7·5"暴雨事件。"6·1"暴雨事件是指武汉2010年6月1日遭受暴雨，开启了全城"看海"模式。由于连续下雨，武汉多地积水，不少市民纷纷拍照，称上班只能靠开船。"7·5"暴雨事件是指2016年7月5日20：00至7月6日13：00，武汉降雨量超过150.21毫米，部分地区如环南湖区域降雨量甚至达到241.5毫米（见图5-1）。气象资料显示，2016年6月30日至7月6日，武汉南湖地区降雨量达到582.3毫米，几乎达到城市年平均降水量的一半。暴雨导致多个位置遭受洪涝灾害，造成南湖地区交通拥堵和道路堵塞。有7人死于暴雨，数千人家园遭受破坏，财产和生计均受到严重影响。暴雨持续了一个多星期后，环南湖区域受灾严重，且持续天数高达10天以上。

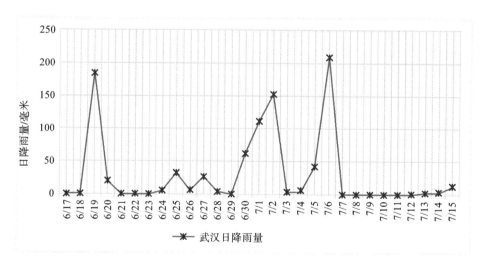

图5-1　武汉2016年6月17日至2016年7月15日的日降雨量

武汉环南湖区域发生的洪涝灾害，引起了全国各地媒体和公众的广泛讨论与关注。来自国内和其他国家的记者，通过互联网和社交媒体，对该地区的洪涝灾害进行了大量的报道，灾后修复活动报道时间长达数月。官方媒体主要使用政府网站、微信公众号、电子公告栏系统和博客来报告和跟踪灾难事件，如新华社、凤凰网、中央和地方政府网站等。市民和企业主要使用微信账户、知乎、新浪博客、天涯社区、百度发布栏、百度百科等发布和交换灾难信息，类型包括文本、照片和视频等。特别是具有严重灾害和高度脆弱性的地区，受到了媒体和公众的大量关注（见图 5-2）。

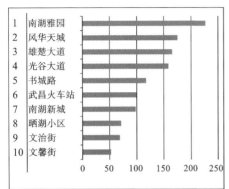
(a) 排名和地点

(b) 武昌火车站

(c) 南湖雅园

(d) 风华天城

图 5-2　洪水热点及其在用户生成内容中的表示

尽管大量研究强调了公民在互联网媒体上发布的在线信息的价值，并强调了利益相关者在城市洪水管理中的积极作用，但互联网上用户生成的数据在灾难管理方面的重要价值并没有得到充分挖掘。现代灾害管理需要公众通过信息通信技术积极参与，并在自然灾害和事故灾难的风险评估与预防、监测预测预警、应急处置与救援、综合保障等环节发挥公众参与的积极作用。在许多国家，公众通常依靠主流媒体来获取灾害信息。例如，在 Web1.0 时代，用户主要通过浏览器访问政府门户网站来获取相关新闻内容，主要进行浏览、搜索等单向操作。而 Web2.0 时代则更多地强调人与人之间的联系，呈现去中心化、开放、共享特征。借助社交媒体平台，用户既可以得到自己需要的信息，也可以发布信息，用户参与网站内容建设的能力大大加强，来自用户的生成内容急剧增长。

突发事件的应急管理需要政府各级部门实现灾害信息共享，并协调一致，以整合突发事件准备、应对和恢复等各个阶段所需的资源。鉴于信息通信技术在应对自然灾害、防范灾难事故、构建韧性城市建设等方面发挥的作用越来越大，利用互联网拓宽公众参与途径、充分利用公民参与力量，充分发挥民智民慧，对于政府管理部门全面提高应急能力越来越重要。然而，到目前为止，针对用户生成内容开展数据挖掘工作来辅助城市洪涝灾害应急管理，对灾害态势进行实时的监测和跟踪，相关工作尚需进一步深入推进。

第二节 数据处理

识别来自网页的地理信息是一项复杂的任务。在本研究中，我们设计了一个系统框架，从用户生成内容来检索洪涝灾害发生的地理位置。系统框架如图 5-3 所示，包含几个不同的部分：网络媒体数据收集；数据检索；数据库创建（用于存储链接索引、Web 内容及洪涝灾害地点和位置）；数据处理（基于自然语言处理的用户生成内容分析）；地理可视化。使用 Python 编程语言和地址映射服务来实现一个洪涝灾害位置动态监测的系统原型。

一、网络媒体数据收集和数据检索

该系统提供了一种获取和编译批量 Web 内容的工作机制。利用爬虫来识别与事件相关的网页，最简易的方法是创建关键词列表。这些关键词包括与事件主题（如洪水、暴雨、洪涝灾害）相关的单个单词及其组合、事件地点（如武汉和南湖）、事件时间属性（如事件时间、2016 年、发布时间）。例如，通过使用"武汉""大雨""洪水""2016""南湖""救援"及其组合，爬虫可以帮助决策者从互联网上快速检索与事件相关的报告。为了尽可能扩大媒体报道的范围，并提高搜索效率，也可以使用多线程方法连接不同的搜索引擎工具，以实现洪涝灾害突发事件期间相关网页数据的收集。

第五章　基于网络媒体的灾害热点跟踪系统设计与开发

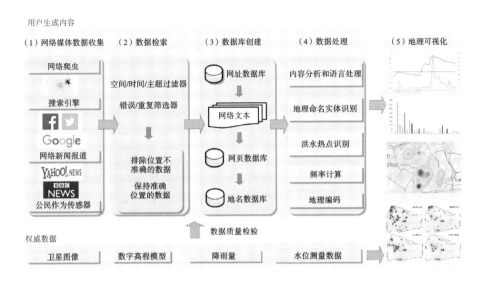

图 5-3　系统框架

二、数据库创建

现代数据库技术可以辅助决策者将可能与事件相关的每个报告链接和内容都记录在数据库中。数据库包含 6 个表：①用户信息表；②查询关键字表；③搜索日志表；④URL 记录表；⑤查找表；⑥灾害位置表。不同的数据库表可以实现不同实体的信息存储。例如，用户信息表用于存储系统登录的用户信息。查询关键字表用于记录登录用户使用的所有查询关键字。搜索日志表存储 URL 地址、灾难事件标识和查询关键字标识。查找表包含有关地名的信息。灾害位置表记录灾害地点和洪水地点的名称（经度、纬度和频率）。在网页上发现的每个位置名称都记录了该位置所在的句子和网页链接，以确保检索结果可以通过数据库的关联关系追踪到它们的 URL 链接，以便分析和验证信息。

三、数据处理

对网页内容进行地理位置信息检索仍然面临较大挑战。自然语言处理是一种有效帮助分词软件识别命名实体的重要方法，已经广泛应用于信息检索、信息提取和过滤以及文本聚类分析。自然语言处理有助于识别与地名相关的信息并简化这一过程。Jieba 分词是当前效果较好的中文分词器，这种分词器使用正则表达式将输入文本切割成若干中文块，并对每个中文块进行处理，转成有向无环图，以实现对地名实体的快速处理。

基于统计机器学习（如朴素贝叶斯、决策树、隐马尔可夫模型、最大熵和查找表）和深度学习（如卷积神经网络和递归神经网络）算法可以提高句子句法和语义分析的准确性和效率。针对地名信息的提取，可以使用 Ghasemi 和 Licayan 描述的"查找表"方法来进行地名识别，这种方法要求事先知道灾难发生地点的名称。

在中文语境中，地名的词汇形成和语义表征往往具有一定的共同特征。例如，中文地名往往有特殊的地址后缀名称（如"街""路""站""社区"等）。通过不同句子中某一后缀前的单词的文字变化往往可以帮助软件程序识别地名。对包含有地名的网页内容的初步分析显示，街道、居民区、交通站、交通动脉、广场、湿地、河流和社区等大多数洪涝灾害地点在此次事件中受到了更多的关注。基于这些语言特征，我们设计了一种算法，可以快速提取包含特定地名后缀的句子。前缀名称前面的单词按某一参数（如某一地名后缀前 5 个字符长的地名均作为某一地名的疑似名称）被逐一迭代提取，并记录于数据库中。当该地名在新的句子中出现时，按照同样的方法记录，对提取得到的所有记录进行比较时，可以有效识别出洪涝灾害发生地点的名称实体。

针对上述操作的相关程序的伪代码如下：

```
//pseudo-code for the algorithm to extract the place names
//function to get common string of place names from different sentences
//which contain suffix//" (street) and
(road)"
String GetPlaceNameString (Sentence1, Sentence2, String Suffix) {
//identify the start position of suffix in the sentences
Sentence1_ startposition= Sentence1.indexOf (Suffix);
Sentence2_ startposition= Sentence2.indexOf (Suffix);
//do loop: in the star tposition, the preceding words of the suffix name in the different
//sentences were iteratively extracted and were compared, until the preceding words
//appeared to be different.
While (Sentence1_ startposition> = 0&&Sentence2_ startposition
```

```
> = 0&&
    Sentence1.charAt (Sentence1_ startposition) = =
    Sentence2.charAt (Sentence2_ startposition))
    {
    PlaceName = Sentence1.charAt (Sentence1_ startposition) +
PlaceName;
    Sentence1_ startposition--;
    Sentence2_ startposition--;
    }
    ReturnPlaceName;
       }
```

四、核密度估计

地理可视化工具被用来跟踪随时间和空间背景变化的洪水热点。核密度估计（KDE）是一种根据离散值的分布直观预测连续区域内点和线特征值的单位密度的方法。

核函数被表示为一个二元概率密度函数。如果 S_1，…，S_n 是从总体中提取的独立且同分布的样本，则估计点的核密度为：

$$f(s) = \frac{1}{n} \sum_{i=1}^{n} \frac{1}{n^2} k\left(\frac{s-s_i}{h}\right)$$

式中，$f(s)$ 为空间位置 s 处的核密度计算函数；h 为距离衰减阈值；k 为核函数；n 为距离尺度范围内的样本大小；$s-si$ 表示从估计点 s 到样本 s_i 的距离。实际应用中可采用频率计算和 KDE 相结合的方法进行热点分析。

五、数据质量评估方法

美国地理科学院的 Goodchild 院士等人提出了几种方法（如众包、社会和地理知识或常识）来解决志愿者地理信息的质量问题。

一般来说，使用科学测量仪（如水位计和降雨计）进行质量评估，以确保用户生成内容可用于科学研究及灾害决策支持和应急管理。国外学者往往将官方权威数据（如降雨计和水位计记录的数据）与用户生成内容报告的频率（如推文）进行比较，以验证用户生成内容的相关性与灾难事件的严重程度之间的关联。霍里塔、德阿尔伯克基、马尔切齐尼和门迪翁多应用了一个基于模型的框架来识别用于灾害决策的有用信息。

地理学定律是对地理现象空间分布特征和形成机理的高度概括。Waldo Tobler 提出的地理学第一定律认为,事事相关,但相近的事物更相关,或者说,一切事物都有联系,但近的事物比远的事物更有联系。例如,在针对美国底特律人口分布的相关研究中,Waldo Tobler 将底特律分为空间上较小的板块,对每个板块都赋予了人口出生率、死亡率和迁移率等影响人口变化的属性。通过对这些板块及其属性的关联研究发现,这些属性在各个板块上并非独立,而是与空间距离有关,板块距离越近,这些人口变化属性越相关。虽然 Waldo Tobler 在文章中并没有对此现象进行理论和数学上的严格论证,但这一现象说明,地理现象在空间上具有自相关的特征。

同样地,有关地形和水的流动方向的相互关系和实际观察的经验告诉我们,在重力作用下,水的流动有从高处往低处流动的规律。该规律说明,较低海拔地区更容易遭受洪涝灾害和积水。Goodchild 院士等认为,用户生成内容所记录的数据,如果能够符合地理学的一般规律,则该数据在某种程度上是可信的或者质量是有一定保障的。此外,科学仪器测量的数据也可以用于评估用户生成内容数据的质量。基于上述观点,在研究中使用降雨、水位测量数据及数字高程模型(DEM)来评估用户生成内容的数据质量。

基于地理信息技术的城市灾害热点分析,需要将搜索得到的灾害地名经过地址匹配后输入到地理信息系统相关解析模块。同一个给定的地名可能指向多个地理位置,如某一街道往往是一段曲线或线段,道路线上所有的点均有可能是该地名指向的位置。常见的处理方法是将该地理名称定为区域多边形的中心坐标位置或者线段的中间点。例如,关于社区附近的"湿地"这一名称对应多个点或区域,可将湿地边界多边形的中心作为该湿地的位置,道路、街道、河流可表示为线段。文本中所有地理位置都可以通过开放式地图服务获取,如百度地图和谷歌地图均支持地理参考服务。

结果表明,通过每个关键词在互联网上检索到的网页不全与洪涝灾害事件相关。所有网页链接中,与灾情描述相关的街道、道路和社区等地理位置名称网页数量远小于检索得到的网页总数,包含地理位置信息的网页数量大约占所检索网页总数的 10%,即通过搜索引擎可知,仅少量网页与事件相关并包含洪涝灾害地点。

六、 性能和精度评价

通过手动方式来计算精准率和召回率是数据质量检验的通行做法，或者说，采用人工方式来验证爬虫系统检索灾害发生地名仍然具有较好的可靠性。文本内容分析法常用来提取含有道路、街道和社区等位置信息的词或句子。每个文本中候选的词或句子，在数据库中的存储结构都是一致的。每个 URL 对应的网页文本，均由洪涝事件类型、日期、时间、地理位置、所造成的影响和图片组成。将所有有关洪涝灾害的分析都汇总为电子表格，并使用 kappa 统计量作为指标来评价人工计算的准确率和爬虫算法的准确率之间的差异。

显然，如果不使用爬虫工具而采用百度等搜索引擎来查找数量巨大的网页文件，并对网页文本中的地名信息进行标注和统计，工作量无疑是巨大的，难以满足应急和灾害管理的需求。通过开发基于搜索引擎和地址匹配技术的软件系统，对洪涝热点的地点和变化进行自动跟踪，能够大大节省工作量和时间。结果表明，相关爬虫算法可以达到 84% 的准确率。当地名词库通过手动方式进行添加并优化后，该方法可以达到高于 90% 的准确率。此外，如果对爬虫技术和地理解析算法继续优化，系统的性能和准确率有望得到更好的提升。

◆ 第三节 基于网络媒体的灾害热点跟踪分析

一、 数据爬取

通过配置数据库中的关键词参数，启动软件程序，以武汉暴雨事件为例，对事件关联网页进行检索。删除错误和重复后，从 2106 个网站中检索到 3855 个网页 URL，并通过事件相关性分析，对其中的 2430 个主题 URL 进行受灾地点的识别和分析。在使用英特尔©酷睿™i5-8250UCPU（1.60GHz，8GBRAM）处理器和科研网的情况下，上述检索过程约需 15 分钟。与手动模式（约需 12 天/人工作量）相比，爬虫大大提高了事件关联网页信息的检索效率。

二、洪涝灾害热点识别

并非每个标识为与事件相关的 URL 都包含洪水位置名称,搜索引擎查找到的近 4000 余个 URL 中,大约有 420 个链接和网页(约 10%)被确定为与事件相关,这些网页包含至少一个洪涝灾害地名的描述。采用开放地图服务(如百度或谷歌地图)来确定这些位置的坐标,相关验证结果表明,kappa 系数超过 84%。

三、洪涝灾害热点的时空演变

大部分网页都有发布时间信息,这为灾害热点的时空演变追踪提供了极大的便利。将所有的网页按照发布日期进行归类,并对网页中出现的受灾地名进行统计,在地理信息系统工具支持下,完成洪涝灾害热点地图的制作(见图 5-4)。

如图 5-4 所示,2016 年 7 月 5 日,只有零星地区有淹没或积水报道。7 月 5 日午夜持续暴雨,南湖水位迅速上升并越过湖岸,最终涌入市区,造成了灾难性后果。互联网上有关灾情的各种报告数量急剧增加,并于 7 月 6 日迅速达到最高水平,灾情爆发的背后是各级媒体报道蜂拥而至。总的来看,在灾情逐步得到缓解和媒体报道量减少方面,两者之间关联关系和变化规律总体上是一致的,即随着灾害逐渐减轻,媒体报道量逐渐减少。

环南湖周边的积水直到 7 月 14 日才消退。受灾地点热点地图显示,在 7 月 6 日,至少有三个区(A、B、C 区)应该引起应急管理部门的注意。A 区在 7 月 6 日受到的媒体报道量最多,这可能部分与湖北省重要交通枢纽武昌火车站位于该区域有关。据统计,武昌火车站每日平均进出站旅客达到 3 万人次以上。此外,武汉在校大学生人数众多,暑假来临以及正值旅游旺季,武昌火车站客流量较大。武汉火车站及周边地区人流客流密集,灾情发展态势需要媒体更多关注。

7 月 6 日至 7 月 9 日,A 区和 B 区灾害情况有所缓解。C 区"南湖雅园"和"风华天城"两个社区的救援活动不断受到关注,可能意味着该区在此次活动中遭受的损失和影响较大。值得注意的是,在暴雨期间,尽管 D 区和 E 区域地势较低,积水现象可能较为严重,但媒体有关这两个区域的报道量极少。遥感影像表明,这两个区域分别是农田和校园操场,人口密度较低。这种现象似乎说明,媒体报道量似乎还与人口密度和财产损失情况或脆弱性相关。相比人口和住宅稠密

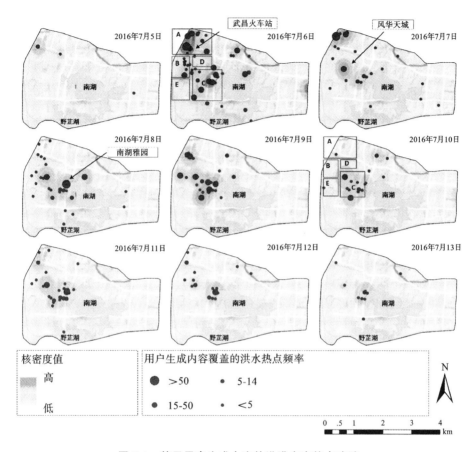

图 5-4 基于用户生成内容的洪涝灾害热点追踪

的环南湖区域，D 区和 E 区域并没有得到媒体的关注。

尽管媒体报道量和灾情发展态势密切相关，但两者的变化并非完全同步。例如，在 7 月 6 日灾害爆发第二天的媒体报道量，其网页数量和受灾地名数量不及灾害突发的第三、四天。位于南湖的水位计数据表明，7 月 7 日南湖的水位仍然是升高的，受灾情况严重。理论上，7 月 7 日灾情应较为严重，但相比 7 月 8 日、7 月 9 日媒体报道量，7 月 7 日新闻报道量略低。这也意味着网络媒体数据在真实反映灾情方面，可能存在一些误差和不足。

传统的搜索引擎通常返回一个网页列表，针对网页内容的特殊分析仍然需要开发专业的工具予以支持，例如，对嵌入到网页中的受灾地点位置信息进行提取。城市洪涝灾害热点图显示了受灾地点的时空分布特征，有助于从新的视角监测和显示灾害的爆发和演变过程。在专业工具的帮助下，通过对灾害发生期间的网络媒体内容进行分析，动态把握灾害的发生地点和位置变化，应急管理小组可以实时分享和分析危机情况。

用户生成内容与传统科学数据源的整合。将用户生成内容在突发事件情况下提供的有价值信息，与其他数据来源（例如数字高程模型、水位测量地图和风险分析地图）等进行综合分析研判，可以提高决策的质量。基于可视化地理信息技术的灾害时空发展模式的动态热点地图，可以帮助专家提高对灾害发展态势的把握能力。比如，媒体机构、社会公众、非营利组织等广泛参与其中的网络媒体，可以帮助政府管理部门进一步确定受灾害影响严重的地点，以实现更有针对性的应急救援和决策。此外，热点地图也可以帮助政府管理部门改善风险沟通的效率和效果，灾害热点跟踪和监测的地图化和可视化，相比单纯的文字表述，更为直观形象，也较容易被社会公众理解。

四、数据质量评估和验证

大量事实证明，网络帖文的数量与灾情的发展密切相关。地理知识被用来研究利用用户生成内容识别洪水热点的潜力。由降雨事件引发的洪水灾害过程往往具有如下发生发展规律：暴雨→水流在低洼地区汇聚→水位上升→对脆弱地区（如高人口密度社区、道路交通等城市基础设施和不动产等）造成破坏→刺激用户产生反应和观察以及记录→相关记录、评论和网贴出现于网络或借助社交媒体进行传播。洪涝灾情的发生，不仅与降雨强度密切相关，而且与城市地形紧密相连。因此，降雨量数据、水文数据、数字高程模型和社会经济数据（例如，基于遥感的土地利用和土地覆盖，以及人口调查数据），都可以帮助我们评价网络用户生成内容的质量。

（一）降雨量

根据降雨数据，2016年武汉的雨季始于6月1日。从6月17日至7月6日，在6月19日、6月25日、6月27日、7月1日、7月5日发生了5次明显的降雨事件。6月19日、7月1日和7月5日的降雨量较大，容易引发积水和洪涝灾害。关于洪涝灾害的报道数量上升，这与之前的研究结果一致。

不过，媒体报道时间与降雨时间并不完全同步，而是轻微滞后。滞后的原因可能包括如下几个方面：①降雨引发的灾害过程往往需要经过孕育阶段和发展阶段；②实际灾害发生后，官方媒体的报道往往滞后，例如新闻记者前往现场需要时间、新闻稿完成后在正式发布前需要审批等；③受媒体机构工作时间的约束，例如不少网页的报告时间均是在灾害发生当天或第二天的上班时间之后等。不过，总体而言，来自用户的动态观察报告与降雨时间具有高度的一致性。

与降雨数据相比，来自用户生成内容的灾害动态监测具有以下优势。

（1）城市降雨观测站的数量通常有限，在大地理范围内往往是零星分布的。空间插值算法计算出的降雨时空分布在很大程度上反映了整个城市降水的差异，并在区域尺度上反映了容易发生灾害的地区。然而，降雨量数据不能很好地记录和显示洪涝灾害发生的具体位置（如街道、道路）。

（2）并非所有的降雨事件都会引发洪涝灾害。降雨后灾害是否发生，仍然最终取决于降雨量和排水系统之间的水量平衡。例如，在排水系统建设水平较差的地区，即使降雨量很小，也可能导致洪涝灾害风险。因此，仅仅使用降雨数据，预测灾害发生的具体地理位置（如特定的街道和道路），往往存在困难。

（3）相比空间分布数量较少的降雨计，城市居民对洪涝灾害发生地的记录和描述某种程度上具有更多优势，用户生成内容所记载的带有地理标记的灾害名称可以弥补降雨数据的不完全性和不确定性。

（4）降雨停止后，如果灾情延续，网络媒体对灾情的监测仍然能够发挥作用。例如，2016年7月6日至2016年7月14日，虽然降雨已经停止，但由于南湖周围的洪水尚未消退，洪涝灾害仍在持续，网络媒体仍然发布了大量由用户收集的洪涝灾害地理位置的观察和报告。因此，用户生成内容对于灾害演变的追踪，提供了不可多得的数据来源。

（二）水位

根据水位数据，南湖水位在6月20日、7月2日和7月5日显著上升，在6月21日至29日及7月7日和7月17日显著下降。随着水位的上升趋势，用户的报告数量在三天内显著增加。降雨停止后（7月6日），随着南湖积水通过沿江泵站排入长江，南湖地区的积水水位下降，环南湖区域的灾害情况逐渐减轻，媒体报道量下降（见图5-5）。水位的变化与媒体报道数量具有明显的相关性。用户生成内容中洪涝灾害发生地点的数量变化信息和水位变化信息可以对之进行相互比较和验证。

用户生成内容报告的灾害发生地点数量与6月20日至7月2日期间水位的变化趋势有一些差异。在这一阶段，水位计的记录显示，水位逐渐下降，说明城市

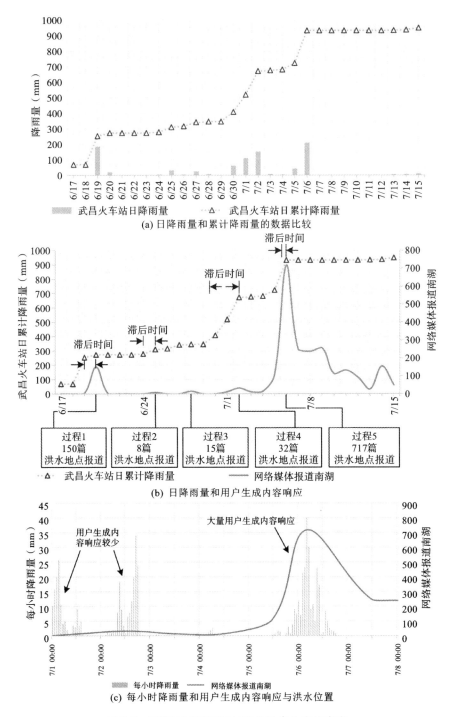

图 5-5 研究区域降雨量与在线用户生成的内容

排水系统的能力超过了降雨引起的径流流入。尽管如此，仍然偶见网络媒体对洪涝灾害发生地点的报道。这种差异可能是由于城市不同地区的水文条件和排水能力存在差异引起的，水位计等测量设施往往沿着流域修建部署（如湿地和河边）。因此，在缺乏足够的测量设施的不透水表面，公众参与可以补充地面监测设施无法记录的灾害信息。

（三）数字高程模型

地理知识和规律也可以用来检验志愿者地理信息的数据质量。例如，水通常因重力作用而流向低处，并在低洼地区积聚。根据这一规律，如果用户报告的热点的质量是可信的，那么大多数热点应该位于低洼地区（见图 5-6）。总体而言，

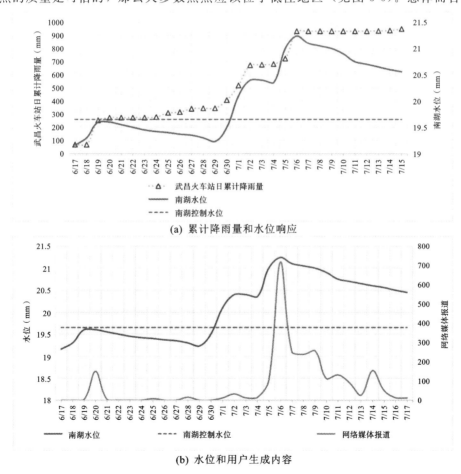

图 5-6 降雨量、水位和在线用户生成内容的覆盖范围之间的数据比较

洪涝灾害或积水的位置,根据报告频率可分为高、中、低三类。在网络媒体报告的 100 个洪水地点中,有 71 个位于海拔 28 米以下的地方(见表 5-1)。具体来说,在海拔 28 米以下的地理位置中,21 个报道频次较高的位置信息占此次媒体关注总量的 66.7%(见表 5-2)。也就是说,洪涝灾害地点得到报道的频率越高,其海拔高度往往越低。在此次事件中,数据表明,所报道的灾害地名,其高程均不超过 46 米,来自网络媒体的受灾地点报道,均位于数字高程模型的低值区域。

表 5-1 洪水热点地区的数量因海拔高度的不同而变化

DEM (m)	高频率(>10)		中频率(5-10)		低频率(<5)		洪水热点总数量	
	数值	(%)	数值	(%)	数值	(%)	数值	(%)
<28	21	21	13	13	37	37	71	71
28-33	8	8	2	2	7	7	17	17
>33	3	3	1	1	8	8	12	12
Sum	32	32	16	16	52	52	100	—

表 5-2 洪水热点地区的报告频率因海拔高度而异

DEM (m)	高频率(>10)		中频率(5-10)		低频率(<5)		洪水热点总频率	
	数值	(%)	数值	(%)	数值	(%)	数值	(%)
<28	1186	66.7	100	5.6	72	4.0	1358	76.4
28-33	220	12.4	13	0.7	13	0.7	246	13.8
>33	150	8.4	7	0.4	17	1.0	174	9.8
Sum	1556	87.5	120	6.7	102	5.7	1778	—

一些低洼地区没有受到用户的观察或没有得到媒体的关注。例如,D 区和 E 区的部分高程均低于 21 米(见图 5-7)。根据水位测量数据,这些地区受淹现象应该严重。然而,可能由于这些地区的人口密度较低,受损程度较低,相比其他地区,上述区域未能得到网络媒体的大量关注。将数字高程模型和人口密度数据、社会经济资料进行结合,可以改变单纯依赖传统数字高程模型来判断灾害脆弱性的不足,帮助管理者和决策者更好地了解灾害发生的实际情况。

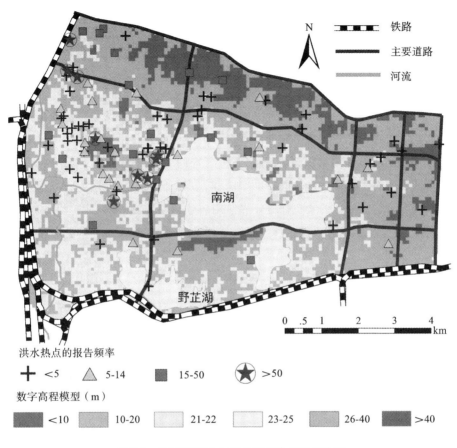

图 5-7 地图描述洪水热点的报告频率和海拔

第四节 基于微博信源的用户活动信息跟踪分析

突发事件发生或自然灾害持续活动期间，与灾害事件相关的用户网络行为将更为活跃。灾害事件活动和用户网络活动具有较高的相关性。微博是目前较受欢迎的社交媒体，包含了大量有价值的信息。利用前文中的软件功能模块，对相关数据进行爬取、清洗、转换并存储后，可以通过对用户网络活动行为数据进行分析，建立用户网络行为活动变化与灾害事件变化之间的联系。这类分析包括时间特征分析和空间特征分析。

一、时间特征分析

滑坡、泥石流、台风等自然灾害事件每年或每月均可能发生。从数据分析的角度来看，灾害跟踪在针对不同的灾害事件之上可能存在不同的目的、任务和需求。系统数据库设计需要实现对不同灾害事件的数据管理。在系统功能设计方面，需要实现对不同灾害事件的自动跟踪和管理。例如，根据用户的兴趣，输入灾害事件名，建立对应的爬虫任务，界定用户数据创建时间的范围（起始时间和结束时间），系统自动进入数据搜索模式，搜索任务完成后，计算输出相关事件的时间分布图表。

前文中的分布式爬虫软件已经将上述功能进行了整合，每次搜索均可以视为创立一次爬虫任务。以利奇马台风为例，在系统中创建任务名称为"利奇马"的搜索任务，起始时间为"2019-08-04"，结束时间为"2019-08-14"，点击展示统计表按钮和展示折线图按钮，就可以展示利奇马台风微博时间分布图（见图5-8）。

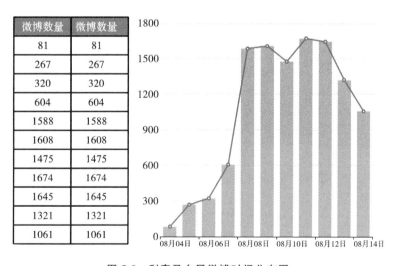

图 5-8　利奇马台风微博时间分布图

利奇马台风是 2019 年以来登陆中国的最强台风和 1949 年以来登陆浙江的第三强台风，造成中国 1402.4 万人受灾、57 人死亡。"利奇马"一名由越南提供，意为热带水果利马果。结合利奇马台风的演变和相关新闻可以发现，8 月 4 日至

7日利奇马台风位于菲律宾海并往西北方向运动，到了8月8日，利奇马台风已经越过了我国台风24小时警戒线，升格为超强台风，中国气象局于8月8日8时30分启动Ⅲ级应急响应。

8月10日1时45分许，利奇马台风在浙江省温岭市城南镇沿海登陆，登陆时中心附近最大风力有16级（52米/秒），中心最低气压为930百帕。8月10日6时，中央气象台发布台风橙色预警。随后利奇马台风穿过浙江和江苏，8月11日晚从山东再次登陆，最终逐渐减弱。8月13日10时，中央气象台解除台风蓝色预警。

新浪微博用户活动数据分析表明，在利奇马台风事件前后，与此次灾害事件相关的用户微博活动具有明显不同的特征。从8月4日到8月7日，利奇马台风距离我国较远，虽有与事件相关的微博产生，但数量不多。随着台风的逼近，到了8月8日，相关微博数量迅速上升，一直持续到8月12日，每天相关微博数量保持在1500条以上，并在台风登陆当天达到顶峰。随着台风强度的下降，12日之后微博数量也逐渐回落。

白鹿台风，爬虫任务名称为"白鹿"，起始时间为"2019-08-23"，结束时间为"2019-08-29"，点击展示统计表按钮和展示折线图按钮，可以展示白鹿台风微博时间分布图（见图5-9）。

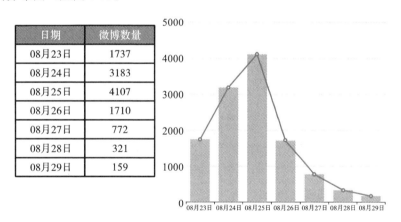

图5-9 白鹿台风微博时间分布图

结合白鹿台风的演变和相关新闻可以发现，8月21日至23日，白鹿台风位于菲律宾东北方向海域，以超过20千米每小时的速度向我国沿海地区移动。8月24日白鹿台风从我国台湾地区屏东县登陆，转入台湾海峡后，于8月25日在福建省东山县再次登陆，强度逐渐下降，最终于8月26日被中央气象台停止编号。

8月21日至23日，白鹿台风距离我国较远，相关微博并不多。随着8月24日台风在我国台湾地区登陆并向东南沿海移动，相关微博开始增多，并于8月25日台风登陆福建的当天达到顶峰。随后，微博数量逐渐回落。

综上可知，微博数量的时间分布跟台风的演变有着密切相关性。在台风尚未登陆时，尽管会有相关微博产生，但是数量较少；随着台风的靠近，微博数量会逐渐增多，并在登陆或最靠近的时候达到顶峰；在台风减弱或者逐渐离开时，微博数量也逐渐回落。因此，微博数量在时间上的分布一定程度上能反映出台风的演变情况。

二、空间特征分析

点击位置特征分析按钮，可以进入位置坐标列表页面。输入任务名后点击确定，即可查看相关的经纬度坐标列表。点击地图展示按钮，输入爬虫任务名，点击确定后，可以将经纬度坐标点标记在地图上，可以通过工具条、鼠标进行缩放和拖拽功能。点击注册地展示按钮，输入爬虫任务名，点击确定，可以展示注册地的词云图。台风位置点列表如表5-3所示。

表5-3　台风位置点列表

项目	签到位置数量	微博文本位置数量	合计
利奇马台风	1491	341	1832
白鹿台风	917	232	1149

利奇马台风经纬度坐标列表、注册地词云图分别如图5-10、图5-11所示。

利奇马台风从浙江登陆，经过江苏、上海后再次从山东登陆。通过对比经纬度坐标点地图和台风路径图，可以发现经纬度坐标点大多数分布在台风路径上。同时，对比注册地词云图和台风路径图，可以发现用户注册地较多的三个地区浙江、山东和上海也是处在台风路径上，并且受到的影响较大。

白鹿台风经纬度坐标列表、注册地词云图分别如图5-12、图5-13所示。

白鹿台风从我国台湾地区登陆，然后经过台湾海峡从福建登陆后往广东方向运动。通过对比经纬度坐标点地图和台风路径图，可以发现坐标点大多数分布在台风影响区域。同时对比注册地词云图和台风路径图，可以发现用户注册地较多的地区福建、广东等也是处在台风路径上，并且受到的影响较大。

第五章 基于网络媒体的灾害热点跟踪系统设计与开发

图 5-10　利奇马台风经纬度坐标列表

图 5-11　利奇马台风注册地词云图

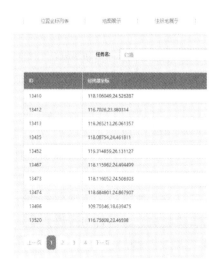

图 5-12　白鹿台风经纬度坐标列表

图 5-13　白鹿台风注册地词云图

综上可知，微博文本中的地址和签到位置与台风的路径有着密切相关性，位置大多分布在台风路径或者台风影响的地区。微博用户的注册地也与台风的影响有关，受台风影响越大的地区的用户越倾向于发布灾害相关微博。

第五节　本章小结

洪涝灾害事件期间，灾害地理位置数据的收集是灾害应急管理的核心。灾害地理位置热点分析是揭示灾害时空演化格局的重要工具，需要广泛的洪涝灾害发生的地理位置数据来源。在灾害发生期间，反映灾害情况的详细数据对有效的决策支持起着关键作用。我们的研究结果表明，用户生成内容作为灾害风险管理的补充数据来源具有重要的价值。

针对"利奇马"和"白鹿"台风事件的研究结果表明，这两个数据集的共同点为，它们是由非科学家和公民产生的。在互联网时代，用户生成内容可能以各种形式存在于网络上，价值巨大，这些数据源的利用价值应受到应急管理部门的进一步关注。

新闻报道在许多国家被广泛用于风险沟通。用户生成的数据具有较低空间密度的非结构化特征。因此，需要一个有效的工具来检索有价值的信息并充分利用其价值。在 GeoAI（网络爬虫器、自然语言处理、数据挖掘和地理可视化）的支持下，可以快速挖掘和访问网络用户活动的关键信息，用于突发事件应急管理决策。

根据我们的研究结果，在自然灾害等突发事件发生时，由 GeoAI 支持的非结构化用户生成内容（如 Web 爬虫、自然语言处理、数据挖掘和地理可视化）有助于将其集成到洪水灾害热点地区的识别中，从而实现更好的决策。不同网页中地理参考数据的内在关系，对灾害热点地区的跟踪具有重要价值。地理参考数据包括遥感卫星数据、降雨数据、数字高程模型和水位数据，与来自网络媒体的数据相结合，可以帮助应急管理部门建立针对灾害突发事件的"天-地-网"一体化监测网络。

第六章 基于网络媒体的城市洪涝易感性评价的融合案例分析

【导言】

城市洪涝灾害敏感性评估明确强调考虑"过去发生过的洪灾事件"信息的重要性,因此监测洪涝灾害事件的发生并获得信息对易感性评估至关重要。不过,城市的大部分地区,特别是城市社区和道路网,并没有配备水位计等测量设施。以往的相关研究主要使用雷达图像或卫星图像来提取洪水淹没信息,或通过现场调查获得此类信息。然而,在洪涝灾害事件发生期间,遥感图像也可能为云层所覆盖,这可能导致数据来源的不足或缺失。如何充分利用网络媒体数据作为数据源,探索其在城市洪涝灾害易感性评价中的作用,相关研究并不多见。验证用户生成内容参与此类评估的可行性和优势,对于挖掘网络媒体在灾害管理中的应用潜力,具有重要意义。

第一节 城市洪涝灾害风险评价概述

我国自然灾害以洪涝、风雹、地质灾害为主,灾害阶段性、区域性特征明显。进入汛期后,南方发生多轮强降雨,华南、江南等地容易发生严重暴雨洪涝灾害。以 2022 年为例,应急管理部相关资料显示,仅 2022 上半年,全国共有 21 个省(区、市)426 条河流发生超警以上洪水,其中 40 条超保证、13 条超历史。珠江流域发生 2 次流域性较大洪水,北江发生特大洪水。上半年洪涝灾害造成 2046 万人次受灾,因灾死亡失踪 39 人,倒塌房屋 1.6 万间,直接经济损失 628 亿元,特别是长江、珠江流域等作为我国经济较发达的地区，洪涝灾害日趋严重。因此，加强城市洪涝灾害研究，科学准确评估城市洪涝灾害风险，不仅能为科学制定防灾减灾决策提供理论依据和技术支撑，也有助于促进经济社会、生态环境系统的持续发展。

洪涝灾害风险评估，是指对洪涝灾害致灾因子发生的概率和灾害发生后可能造成的损失进行评价。城市洪涝灾害是城市范围内因降雨过多、上游洪水侵袭、排水能力不足、江河洪水或潮水顶托导致地表积水而产生的洪灾涝灾及其引发的次生灾害的总称。城市是人类社会经济活动的主要区域，是国民经济和社会发展的重点区域，也是洪涝灾害易发、频发区域。众多学者已针对洪涝灾害风险评估开展了大量工作，并形成了多种研究方法，如历史灾情法、指标体系法、遥感影像与GIS技术耦合法、情景模拟法等。

（一）历史灾情法

自然灾害事件发生过程的物理机制往往非常复杂，为了揭示自然灾害发生的时空规律，人们通常根据历史灾害事件记录，结合数理统计方法，对洪涝灾害风险进行评估来确定面临伤害或损失的可能性。

（二）指标体系法

影响洪涝灾害发生的影响因素众多，既有自然因素，也有人类活动等方面的影响因素。以建立洪涝灾害各种影响因子为基础，选取能够代表各因子的指标，采用定量等分析方法来对洪涝灾害进行综合评价和预测。在方法应用方面，除了学者们提出的"二因子论"、"三因子论"和"四因子论"等之外，近年来很重要的发展方向就是人工智能、机器学习方法在评价中得到大量应用。

（三）遥感影像与GIS技术耦合法

自然灾害系统包括灾源子系统、影响场子系统和承载体子系统，遥感影像特别是高空间分辨率的遥感影像在识别和提取相关影响要素信息时具有极大的优势。通过利用遥感影像数据，结合GIS空间分析技术、数理统计方法以及充分利用空间数据库的数据管理功能，可以实现对洪涝灾害风险的快速评估分析。

（四）情景模拟法

主要通过数学建模来构建不同的情景模型，实现未来不同条件下的洪涝灾害发生过程的模拟，通过改变不同的条件对可能发生的洪涝灾害事件进行分析和评估。这种方法能够较为全面地考虑未来可能发生的多种情况和事件，从而帮助决策者制定更加合理的风险管理策略。

当前，不少学者已经开始研究如何从社交媒体数据中挖掘灾害相关信息并进行深入的时空分析，为防灾救灾应急管理提供决策支持。灾害的易感性评价是提高灾害应急管理能力和减灾规划的基础工作。当前，博客、公众号等社交媒体推动着传统媒体朝数字化方向不断转型。传统的主流媒体正在利用 Web1.0 和 Web2.0（如微博、微信和应用程序）来创建、汇聚和传播洪涝灾害事件信息，许多微博用户对通过互联网设置灾害事件的相关议程表现出了极大的热情。在信息时代，灾害事件记载和传播方式的转变，意味着充分利用网络媒体记载的洪涝灾害事件相关信息和资料，采用历史灾情法、指标体系法等方法来开展洪涝灾害易感性评价成为可能。

第二节　城市洪涝灾害影响因素分析

洪涝灾害的影响因素包括自然因素和人类活动因素，其频繁发生是流域地理位置、地形地势、水文气象、土壤地质等自然因素及水利工程现状、运行管理状况等社会经济技术因素综合作用的结果。灾害的形成必须具备两个方面的条件：一是洪水自然变异强度超过了某一标准或范围，自然系统出现变异，形成灾害；二是自然系统强烈变化对社会经济系统带来较大的损失，在人类活动强度较大的地方，特别是人口稠密的城市地区，造成了较大的损失和破坏。

一、自然原因

（一）气候因素

暴雨是形成洪涝灾害的直接原因，其中最重要的是气候因素。暴雨的发生主要是受到大气环流和天气、气候系统的影响。我国是世界上多暴雨的国家之一，降水的年际变化和季节变化大，一般雨季集中在 7 月、8 月两个月，短时间的高强度降雨和长时间的连续性降雨容易引起河水泛滥和城市内涝。此外，随着全球气候变化和极端天气事件增多,洪涝灾害发生频率也在增加。

(二) 地形条件

地理环境包括地形、地貌、地理位置和江河分布等。地形地貌的复杂性会影响水的顺畅流动,如低山丘陵、沟谷纵横等地势不平坦的地区容易出现内水滞留和倒灌等现象。地势低洼的地区容易发生洪涝灾害,尤其是在山洪暴发和河道狭窄的情况下。

(三) 土壤或土地利用结构

土壤与地质条件会影响通透性和下渗能力,如果土层质地黏重、垂直下渗能力弱,有机质含量高且蓄水能力大,则容易发生洪涝灾害。

森林具有良好的蓄水作用,一方面,森林可以截流降水;另一方面,森林的土壤渗透率高、蓄水性好。

二、 人类活动因素

(一) 土地利用开发

城市化进程、社会经济建设对建设用地需求增长导致的土地利用活动会加剧洪涝灾害的发生,这些活动包括砍伐森林、围湖造田、与河争道等。植被变化,如过度采伐森林使森林植被受到破坏,造成水土流失加剧,河床抬升;填埋湖泊等行为,如填湖造田、围湖造田、筑堤围湖、围江河湖滩造田等,以及近年来在市场经济的推动下,许多城市兴起的围湖建房、湖景房与江景房建设等,进一步加剧了湖泊和湿地的数量和面积的减少,湖泊调节能力减弱,影响城市防涝蓄洪能力;城市不透水面增加,加重了城市的暴雨灾害脆弱性等。

(二) 防洪工程设施建设

防洪工程的差异也是导致洪涝灾害的一个因素,如果防洪设施标准偏低、不合理水利工程建设、防洪工程年久失修、不能及时修缮,那么当洪水来袭时,无法排除内水,从而加剧洪涝灾害。此外,缺少天然的入海河道,也会导致洪涝灾害。

第三节 数据的获取和处理

一、基于网络媒体的洪涝灾害地理位置数据获取

传统的洪涝灾害发生地理位置的获取往往需要科学家开展现场调查。与先前的研究不同，我们研究的目的是验证网络媒体上公民的观察和调查数据对于洪涝灾害易感性评估的重要意义。因此，利用前述的网络搜索引擎和内容分析相关方法，从互联网媒体中检索新闻媒体和公民生成的数据。使用的搜索引擎包括百度、搜狗和360等，检索与洪涝事件相关的媒体报道，使用的关键词包括"武汉"、"涝渍"、"洪水"、"南湖"、"2016"和"暴雨"及其组合。

一些文献讨论了公民或非科学家捕获的数据的不确定性和质量问题。为了获得准确的信息，我们建立了两个独立的组来分析和交叉验证数据。冗余、过量、错误和"离题"的网页被舍弃。每一页都由三位参与者审查和比对洪涝灾害的类型、日期或时间，以及灾害的地理位置、后果和照片，以确保数据的准确性。报告中的当地知识、经验、媒体声誉、内容质量、可信度，在评估过程中都作为评价该地名是否曾经发生或真实发生过洪涝灾害这一事件的可信度的重要考虑因素。此外，只有洪涝灾害发生的地点、发布日期与洪涝灾害发生日期相符的网页才被纳入模型进一步分析。

经过上述数据处理过程，最终获得2016年7月1日—30日网络上发布的260条记录，其中121条来自新闻和报道，125条来自微博、博客和微信的官方平台，包括主流媒体，如新浪网、新华网、搜狐网、央视网，以及社交媒体，如新浪微博、凤凰网、百度知道等。一方面，这些媒体大都具有良好的声誉；另一方面，这些媒体报道的洪涝灾害发生地点也可以通过不同的资源进行交叉验证，以确保网络媒体数据质量。所有受灾地点，如街道和道路，均通过百度/谷歌地图获得相关的地理空间坐标并在地图上标注（见图6-1）。在研究区范围内最终确定了167个洪涝灾害发生地点，包括道路、街道和居民区，这些地点从各种页面中确定。位置类型、搜索结果和搜索规则如表6-1所示。

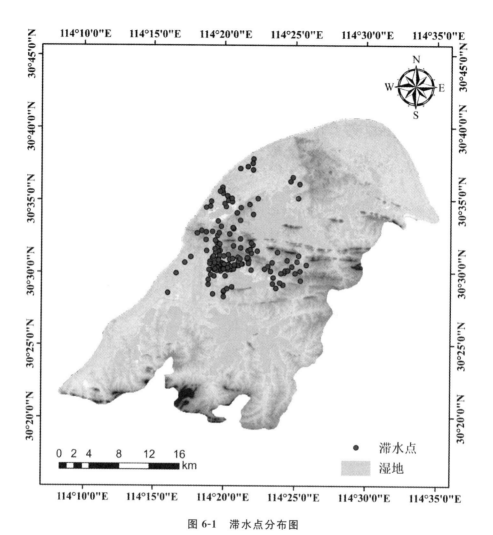

图 6-1 滞水点分布图

表 6-1 位置类型、搜索结果和搜索规则

位置类型	受灾地点数量	占比	搜索引擎	关键词	发布日期	资源类型
社区	61	36.53%	百度搜索,雅虎搜索	武汉内涝,武汉渍水,南湖,暴雨 Wuhan Flood, Flood in Wuhan City	2016.7.1-2016.7.31	新闻报道,微博,博客,百度贴吧
街道	75	44.91%				
其他	31	18.56%				

二、 城市洪涝灾害影响因素的选择

不同的学者针对不同的研究地区采取的影响因子是存在差异的。这里的主要科学问题是，是否有可能根据有关受影响地区的各种数据来源，对洪水的敏感性有先验知识。因此，有必要确定受影响最严重地点的具体特征，并据此确定其敏感性评级。根据前述的一般影响因素，以及结合前人的研究成果和研究区的特点，考虑到各种因子数据的可获得性，在本次研究中采用如下影响因素：①降雨量；②高程；③坡度；④曲率；⑤流量累积；⑥湿地退化；⑦土地利用与土地覆盖（LULC）；⑧归一化植被指数（NDVI）等。其中降雨量由地面观测站获得，高程、坡度、曲率和流量累积采用美国航天飞机 SRTM-3 数据。

这些因素在以前的文献中被普遍使用。例如，流量累积为形态结构设置提供了很好的代理，促进了风险和洪水发生的倾向，在低洼地区倾向于增加。植被覆盖的地区提供了一定水平的保护机制，而城市地区由于不透水面的面积增长而增加了雨水径流。考虑到湿地退化会降低蓄水能力，丰富的湿地是研究区域的重要特征之一，因此，湿地退化的分布是其中一个重要因素。

湿地退化、LULC 和 NDVI 采用美国陆地资源卫星影像 TM/ETM+ 数据，另外还参考了搜狗网站的高分辨率遥感影像。GIS 和遥感一起作为湿地退化信息识别的有效工具并监测 LULC 情况。本研究采用最大似然监督分类方法和快鸟图像来识别 LULC 和湿地退化的过程。表 6-2 列出了本研究中使用的数据集和数据源。

表 6-2 本研究中使用的数据集和数据源

数据集序号	分类	数据源	GIS 数据类型	尺寸	派生地图
1	卫星图像	Landsat-8OLI 图像，谷歌地球	GRID	30 m×30 m 0.6 m×0.6 m	LULC，NDVI，湿地退化，城市建设用地类型
2	地形图	DEM	GRID	30 m×30 m	坡度，标高，曲率，流量累积
3	降雨量数据	雨量站	GRID	30 m×30 m	降雨量

图 6-2 显示了各处理因素的各类分布图。在高程（见图 6-2a）、流量累积（见

图 6-2g）和 NDVI（见图 6-2e）中，每个影响因素都构建了 6 个类别。在曲率（见图 6-2c）中考虑了凸面、平面和凹面。在湿地退化（见图 6-2h）中考虑了该区域是否曾经由湿地转化而来。在 LULC（见图 6-2d）中，采用了 4 种土地利用类型：建设面积、草坪、林地和水体。将坡度（见图 6-2b）和降雨量（见图 6-2f）分为 5 类。总结了研究区域内洪水易感性评估中考虑的各易感因素的变量类别。共定义了 37 个分类。每个变量都被调整了大小，并以一个 30 m×30 m 的网格表示。研究区域的网格由 757 列和 1119 行组成（366044 像素；36.6 km²）构成。利用 ArcGIS 9.3 软件收集影响洪水的参数并汇编成空间数据库。

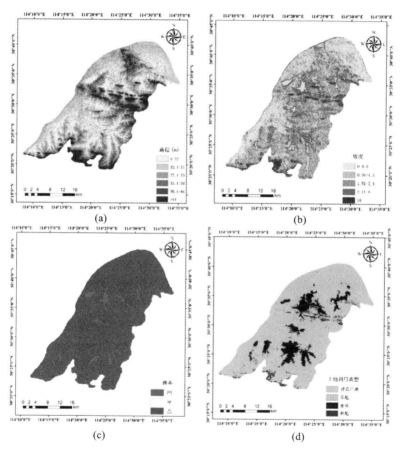

图 6-2 内涝影响因子图层

（a）高程；（b）坡度；（c）曲率；（d）土地利用与土地覆盖（LULC）；（e）归一化植被指数（NDVI）；（f）降雨量；（g）流量累积；（h）湿地退化

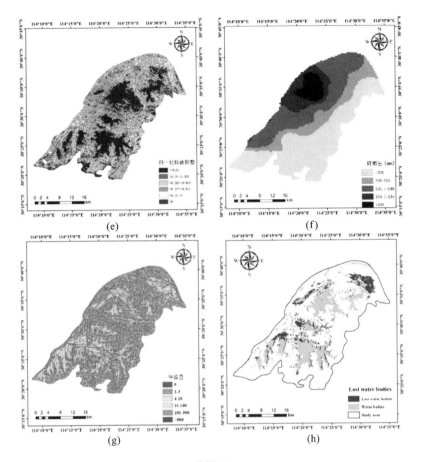

续图 6-2

三、建模策略

洪水敏感性评估在洪涝灾害缓解中起着重要作用。洪水敏感性根据地质环境条件定义了某个地区发生洪涝灾害的可能性。与洪涝灾害的概念不同,敏感性反映的是一个地区的内在属性,而不是特定事件的影响。可靠的洪涝灾害敏感性地图是识别洪涝灾害易发地区的有用工具,可以为决策者管理洪涝灾害提供有效指导。

洪涝灾害敏感性映射通常使用多准则决策(MCDM)方法或机器学习方法实现。MCDM 方法,如层次分析法(AHP)和多准则妥协解排序方法(VIKOR)已被广泛使用,首先确定与洪水相关的变量并计算每个变量的权重,然后基于加权变量计算洪涝灾害敏感性。MCDM 方法需要决策者的知识来判断变量,因此,其是主观的,并且由于认知偏见,可能会导致不适当的决策。

相比之下,机器学习方法可以提高洪水敏感性地图的客观性。通过自动建立洪水调节因子与相应标签、历史洪水或非洪水位置之间的关系,机器学习模型可以根据条件因子预测未标记位置的洪水敏感性。常用的算法包括人工神经网络(ANN)、随机森林(RF)、支持向量机(SVM)、卷积神经网络(CNN)、逻辑回归(LR)和长短期记忆(LSTM)。在这些算法中,SVM 已被一系列先前的研究所应用。Tehrany 等比较了 SVM 和频率比(FR)模型的性能,结果表明 SVM 的 ROC 特征曲线面积(AUC)(84.97%)高于 FR(61.43%),证明了 SVM 的分类能力。至于城市情景,Tang 等人评估了广州市的洪水敏感性,SVM 也输出相对准确的结果(AUC=0.84)。

机器学习方法的性能在很大程度上依赖于训练数据的数量和质量,因此在使用机器学习方法时,获得足够准确的历史洪水位置信息一直是一个关键问题。常用的数据来源包括政府报告、报纸档案、实地调查和遥感观测。在这些来源中,政府报告和实地调查更为准确,因为它们通常来自第一手数据,但收集起来很费时,而且不能实时更新。遥感数据具有较高的空间覆盖率,但其精度受到将影像信息传递至洪水信息和环境条件的反演方法的限制。至于报纸档案,新闻的真实性和及时性确保了洪水地点的可靠性,但提取和数字化有效信息需要努力和时间。

采用逻辑回归模型(LRM),根据二元因变量(是否存在洪水)来确定未来发生洪水的可能性。当因变量是分类的(例如目标区域是否曾经发生灾害或未发生灾害),而解释性(独立的)变量是分类的、数值的或两者兼有时,使用二分类逻辑回归的方法非常适合。定量地说,灾害的发生与相关影响变量的依赖关系可以表示为:

$$P = \frac{1}{(1+e^{-Z})} \tag{6-1}$$

式中,P 表示洪水发生的估计概率。在 s 形曲线上,概率在 0 到 1 之间变化,Z 表示线性组合。由此可见,逻辑回归涉及拟合以下形式的方程:

$$Z = b_0 + b_1 x_1 + b_2 x_2 + \cdots + b_n x_n \tag{6-2}$$

第四节　研究结果和实际意义

一、模型参数

利用 SPSS19 软件提取洪水发生情况与影响参数之间的关系。然后采用 Wald 卡方检验，纳入具有统计学意义的预测因子。Wald 卡方检验的工作原理是检验感兴趣系数同时等于零的假设；因此，预测因子和模型之间没有关联。结果表明，降雨量、湿地退化和海拔高度是 0.001 水平下对洪水的显著影响因素。曲率和 LULC 两个因素在 0.01 水平上均显著。

湿地退化的逻辑系数（3.061）最高，因为它对洪水的影响最为显著。第二个是降雨量，因为它对洪水有重大影响。第三个是高程。洪水的自然特征表明，它们大多发生在广大的低海拔地区，而在山区，不发生洪水。在曲率方面，洪水主要发生在曲率平坦的地区。在 LULC 的情况下，在三种类型的土地利用覆盖中，累积面积的比例最高，其次是水体。目前的研究结果已经证明，城市建设地区的扩张增加了该地区发生洪水的可能性。城市地区大多被不透水的表面所覆盖，如沥青，这是非常容易受到洪水影响的。NDVI、坡度、流量累积对洪水的发生无显著影响。

剔除不显著因素后，重新计算 LRM。所有预测因子仍有统计学意义，所有预测因子的 P 值均小于 0.02。可信度评估的最终概率模型可以写为：

$$P = \frac{1}{(1+e^{-(3.061x_1 + 1.112x_2 - 0.544x_3 - 0.472x_4 - 0.781x_5 + 1.184)})}$$

其中，x_1 表示湿地退化，x_2 表示降雨量，x_3 表示高程，x_4 表示曲率，x_5 表示 LULC。

为了生成概率图，从 LRM 中获得的值被转移到 ArcGIS9.3 软件和式（6-2）中，用于调节因子。图 6-3 为内涝灾害易发性评价图。概率指数表示在一组给定的条件因子下，每个像素的预测洪水概率。式（6-1）用来计算概率指数，计算范围为 0~0.99。通过文献中采用的方法，将概率图划分为特定数量的类别。洪水概率图的值范围可分为极低（0~0.27）、低（0.28~0.5）、中（0.51~0.76）、高（0.77~0.94）和极高（0.95~0.99）五类。易感性高和极高的区域占总研究面积的19.4%，主要分布在城市居民区。

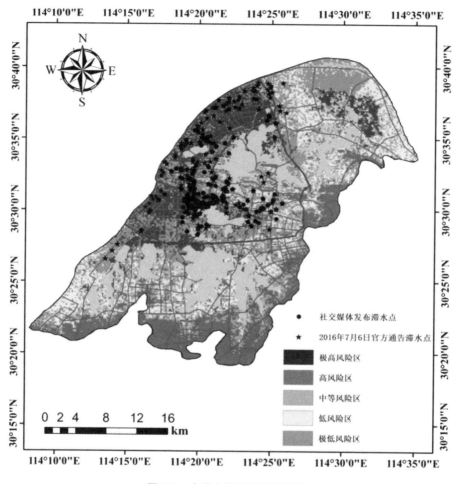

图6-3 内涝灾害易发性评价图

根据生成的洪水灾害评价图，可得出以下结论。

（1）大部分极高、高危区位于中心城市的主环路内。这表明，大部分洪水地区位于城市和人口活动频繁的居住社区和商业聚集区。

（2）大部分极低风险地区是城市郊区和高海拔地区。这些地区的土地利用类型大多为林地和草地，累积面积较少。

（3）大部分湿地退化区均位于极高、高危区。这些地区海拔较低，在城市化过程中大量从事经济活动，从而增加了不透水的表面积。因此，在强降雨的情况下，湿地退化地区更易受到洪水的侵袭。

(4) 敏感性指数图显示，DEM、LUCC 和湿地退化三个因素对洪水面积分布有明显的控制作用，而曲率、斜率和 NDVI 则不特别明显。根据用户观察进行的评价符合对所考虑区域洪水灾害发生的普遍认识。

二、ROC 特征曲线分析

采用 ROC 特征曲线来评估逻辑回归分析方法的效率和结果。ROC 特征曲线测量了模型预测的优度，并绘制了不同的易感性阈值、真阳性率（Se）和假阳性率（1-Sp）。利用曲线下面积（AUC）来验证模型的成功率。AUC 值的范围从 0.5（对角线）到 1.0，值越高，说明模型的预测能力越好。AUC 值低于 0.7 表示预测能力较差，在 0.7～0.8 表示中等预测能力，在 0.8～0.9 表示良好的中等预测能力，超过 0.9 是模型预测能力良好的典型特征。

结果显示，AUC 值为 0.954（见表 6-3），ROC 特征曲线如图 6-4 所示。说明该模型具有足够的准确性。渐近指数为 0.000。以往通过收集文献来源、实地调查或遥感图像支持的大多数研究的预测精度为 84.76% 至 98.6%。使用用户生成内容来构建的评价模型能够满足研究区域的洪涝灾害易感性评价要求。

表 6-3 曲线下的面积

检验结果变量（S）：P				
AUC	标准误差[1]	渐近指数[2]	渐近 95% 置信区间	
			下界	上界
0.954	0.011	0.000	0.932	0.976

[1] 在非参数假设下
[2] 零假设：真面积=0.5

三、模型确认

使用武汉水务管理局 2016 年 5 月 11 日（事件发生前）发布的记录和洪水风险地图来验证采集模型的性能。洪水与易感指数等级的关系如表 6-4 所示。易感性高、洪水比例较高的地区洪水发生的可能性较高。洪水密度从极高易感区逐渐下降到极低易感区。洪水分布与易感性评价结果的吻合程度较好，说明通过互联网媒体数据评价的洪水易感性图与官方评价结果一致。

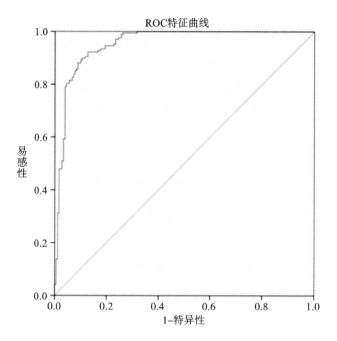

图 6-4 ROC 特征曲线

表 6-4 洪水与易感指数等级的关系

易感指数等级	洪水定位	面积/km²	密度
极高易感性	47	57.31	0.8200
高易感性	61	80.40	0.7587
中度易感性	25	46.02	0.5433
低易感性	31	73.60	0.4212
极低易感性	21	187.54	0.1120

四、实际意义

实际影响是验证用户数据参与此类评估结果的最佳标准。结合各种资料，如人口密度图、最新的遥感数据和排水系统图来进行这种验证。根据 AUC 值，将公民报告和用户生成内容中的灾害发生地点进行洪涝灾害易感性评价，从统计分析指标来看，其结果是完美的，完全可行，甚至优于部分先前研究文献产生的结果。根据概率指数，至少确定了 4 个高危区域。在这些诱发因素中，降雨量、湿地退化、LULC 和高程是概率建模中较具有统计学意义的预测因子。这些结果表明，低洼地区降雨容易累积，特别是退化的湿地受洪水和暴雨影响最大。

排水系统，特别是 A 区，无法应对暴雨来袭时可能引发的灾难（见图 6-5a1）。资料表明，A 区排水系统设计不良。汤逊湖湿地系统包括汤逊湖、南湖、野芷湖等湖泊，并由南湖交汇港相连。在雨季，城市南部的汇水通过巡司河和青菱河，最终通过汤逊湖泵站这唯一排水出口进入长江（见图 6-5a1、图 6-5a3）。该评估进一步强调了改善环南湖区域排水系统的必要性。事实证明，事件结束后，武汉市政府已经开始建立新的泵站和新的排水系统，以应对未来汛期来临时南湖和汤逊湖水系水量快速上涨（见图 6-5a1、图 6-5a3）。

研究结果还表明，湿地退化对所调查的洪水灾害产生了不利影响。与发生在河岸和沿海平原地区附近的洪水地点不同，大多数洪水地点发生在城市湿地附近的社区。南湖附近的高易感区大多位于湿地曾经存在的地区，目前正在开发成 A 区的居民区。高人口密度和属性价值可能会加剧极端气候变化下的损害和脆弱性，这将在洪涝灾害突发事件期间引发密集的网络媒体响应。研究认为，人为活动造成的湿地退化会降低湿地生态系统和土壤吸收/储存过多水分的能力，并减轻洪涝灾害的负面影响，这一点和以往的研究结论是一致的。在实践中，这一评估提供了为什么城市管理需要将水资源管理纳入城市治理的土地利用规划过程的证据。

陈家堤所在的 B 区是模型确定的高感区之一（见图 6-5b1）。事实上，在 2016 年 7 月 5 日事件发生时，湖水水面快速上涨迅速破坏了堤坝并淹没了汤逊湖边上的村庄（见图 6-5b1、图 6-5b3）。据报道，有 300 名士兵和 200 名市民和村民参与了修复堤坝的紧急工作，大约 7 万个沙袋被用来增加堤坝的高度，居住在堤坝附近的 34 户家庭和 146 名村民被重新安置（见图 6-5b1、图 6-5b2）。因此，灾害易感性评估的数据可用以估计给定区域相关洪涝灾害事件发生的可能性，并用于洪水风险预防计划及城市规划和管理。

除了网络媒体所报道的灾害发生地点数据与高易感区域之间的高度一致性外，通过网络媒体报道的灾害发生地点数据逻辑回归建模，在研究区域还确定了至少两个高易感区域（C 区和 D 区）（见图 6-5c1、图 6-5d1）。根据 2016 年（见图 6-5c1、图 6-5c2）和 2018 年（见图 6-5c1、图 6-5c3）的遥感数据，C 区发展迅速，农田正在向居民区转变（见图 6-5c1、图 6-5c3）。考虑到未来气候变化的不确定性，政府和房地产开发商应该认识到有必要采取积极的防洪措施。A 区的相关经验教训表明，武汉市政府和规划部门应加快改造排水设施不良地区的管道建设和地下管道走廊建设，以提高救灾能力。关于 D 区，遥感影像解译结果表明，该

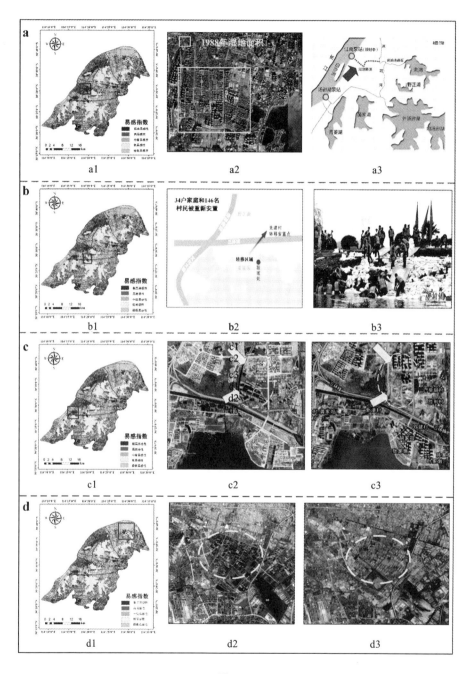

图 6-5

(a) A 区；(b) B 区；(c) C 区；(d) D 区。

区目前仍然为农业用地和渔场，零星地散布着小型工厂和农场（见图 6-5d1、图 6-5d3）。目前没有媒体报道该地区是否受到严重影响和破坏，人口密度较低和建筑物较少的区域没有得到媒体的关注。

总的来说，在公众参与和媒体机构的调查数据的支持下生成的易感性评价图，为未来城市水文规划和灾害应急管理提供了新的见解。由于人口快速增长和城市化，城市越来越容易受到气候变化或社会经济发展可能造成的负面影响。由于河流、湖泊和湿地周围土地被蚕食和侵占，城市社会经济可持续发展将受到影响。城市管理者应做好政策的顶层设计，合理保护有限的湿地资源，尽快改善排水网络基础设施，提高城市弹性建设水平，推动城市社会经济可持续发展。

第七章 洪涝事件网络媒体响应机理与灾害成因机制分析

【导言】

我国地域跨度大，城市众多，城市洪涝灾害孕灾背景复杂、成灾模式多样，有必要结合调查和监测结果，对城市洪涝灾害链的成因机制及成灾模式进行分析，以深刻理解城市洪涝灾害形成机理和过程，深化对城市洪涝灾害影响因素和成灾过程的认识，为洪涝灾害风险管控提供决策依据。

突发灾害事件期间网络媒体的响应过程，是互联网时代灾害事件引发的自然结果。网络媒体上出现的灾害报道、灾害地点的时空分布，与实际灾害的发生以及灾情时空分布特征具有密切的联系。城市的地名数量往往成千上万甚至几十万，然而，从前文针对网络媒体内容分析结果来看，突发事件期间，并不是所有的地名均会出现在网络媒体的报道中，真正引起社会公众和社交媒体关注的地名，仍然只是少数，且其出现频次在时空上呈现分异特征。为何部分地名为社会公众和网络媒体大量关注和广泛报道，而有些地名却从未出现？网络媒体出现的受灾地点名称与实际灾害发生之间有何联系？本章试图从网络媒体响应的机理和灾害的成因机制方面对此进行解释，并探索网络媒体地名响应数据在洪涝灾害致灾机理方面的应用潜力。

第一节 研究目的

我们认为，网络媒体中灾害地名的出现，主要是由当地的受灾严重程度决定的。也就是说，受灾越严重，得到公众和媒体关注的可能性就越大。网络媒体响应与灾情的发展密切相关，网络媒体报道中的地名出现及其在频率上的时空变化，是洪涝灾害实际发生情况借由社会公众等用户观察在网络世界记载的结果，因而，网络媒体中的受灾地名波动和时空分异背后，可能隐含了洪涝灾害发生的复杂过程。网络媒体上的洪涝灾害发生地点的时空分布数据，有助于我们深入理解灾害成灾机理和各种影响因素交互作用的复杂过程。

针对洪涝灾害成因，传统的分析多基于科学家的野外实地调查，对洪涝事件进行时空建模分析和可视化处理，以分析各种因素对洪涝灾害的影响作用和致灾机理。不过，是否可以利用网络媒体中的用户生成内容开展类似研究，尚不明确。正如前文所述，社交媒体等网络媒体数据类型多样、数据量大，在应对洪涝灾害应急事件风险方面具有较大的潜力，包括灾害发生时的平台报道、灾难救援时的信息传播和灾区重建时的情况跟踪等，但这些数据在致灾机理方面的作用和潜力有待进一步探索和发现。

本章仍然以2016年发生于武汉南湖地区的洪涝灾害事件为例，从洪涝灾害网络媒体数据分析这一视角，分析网络媒体中受灾地名的时空分布特征和规律，以及其背后隐藏的灾害成因机制。我们认为，降雨等自然条件因素的急剧改变，固然是南湖地区洪涝灾害事件的主要根源，然而，快速城市化进程中的人类活动因素同样不可忽视，城市洪涝灾害突发事件的发生，很可能是长时间内人类活动因素不断积累叠加与极端气候因素综合作用的结果。那么，人类活动因素在此次灾害事件中究竟起着什么样的作用？极端气候等触发因素是如何与人类活动因素耦合作用共同对此次灾害形成重要影响的？本章试图从城市化、城市土地利用变化、城市规划等角度分析人类活动因素对此次灾害事件的影响，为减灾防灾和城市规划提供决策依据。

第二节 数据收集与处理

一、技术路线

土地利用变化会对区域自然环境状态造成复杂影响，例如，土地利用变化引发的区域水文条件改变，可能导致降雨期间地表径流量和地表积水量的增加。为了揭示网络媒体灾害响应和土地利用变化之间的联系，采用如下技术路线（见图 7-1）：

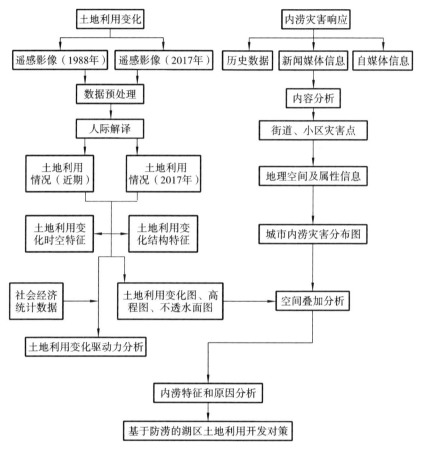

图 7-1 技术路线

（1）借助遥感和地理信息技术手段，对所获得的遥感影像进行处理后得到过去 30 年（1988—2017 年）南湖地区土地利用变化情况；

（2）收集不同时期的政策文件和社会经济活动数据，归纳过去 30 年来南湖地区土地利用变化驱动因素，分析人类活动对南湖地区土地利用变化的影响机制和过程；

（3）利用爬虫、自然语言处理、地理信息检索等方法，分析处理灾害事件期间网络媒体发布的相关信息，获取突发事件期间灾害地点位置信息；

（4）采用空间叠加分析方法，分析灾害位置空间分布特征和土地利用变化之间的关系，探索人类活动因素对此次灾害的影响作用机制；

第七章 洪涝事件网络媒体响应机理与灾害成因机制分析

(5) 耦合地形、地貌和降雨等因素，分析自然因素、人为因素综合作用下洪涝灾害成灾机理和过程；

(6) 提出城市湖泊区域土地利用开发的合理建议。

二、数据来源

研究使用的主要数据包括以下内容。

(1) 美国地质勘测局 1988—2017 年 Landsat 遥感影像，空间分辨率为 30 m 和 15 m（见表 7-1）；

(2) 搜狗地图 2015 年遥感地图，空间分辨率为 0.6 m；

(3) ASTER GDEM 下的武汉市高程数据，空间分辨率为 30 m；

(4) 武汉市地形图和行政区划图；

(5) 《武汉市统计年鉴》获取的洪山区 1988—2017 年社会经济数据；

(6) 武汉市水务局获取的武汉市滞水风险图，武汉市 2016 年 7 月 6 日交通限制通告，从 2016 年 7 月 1 日—31 日社交媒体获取的南湖地区内涝信息。

表 7-1　遥感数据情况

影像卫星	影像时间	空间分布率	来源
Landsat-5TM	1988-07-10	30 m	USGS
Landsat-5TM	1990-09-02	30 m	USGS
Landsat-5TM	1992-11-10	30 m	USGS
Landsat-5TM	1994-07-27	30 m	USGS
Landsat-5TM	1996-12-23	30 m	USGS
Landsat-5TM	1998-10-26	30 m	USGS
Landsat-5TM	2000-10-31	30 m	USGS
Landsat-7ETM+	2002-03-19	30 m	USGS
Landsat-5TM	2004-09-24	30 m	USGS
Landsat-5TM	2006-04-07	30 m	USGS
Landsat-5TM	2008-12-08	30 m	USGS
Landsat-5TM	2010-11-12	30 m	USGS

续表

影像卫星	影像时间	空间分布率	来源
Landsat-8OLI	2013-07-21	15 m	USGS
Landsat-8OLI	2017-02-16	15 m	USGS
QuickBird	2015-07	0.6 m	搜狗卫星地图

三、数据预处理

（一）辐射校正和几何校正

遥感卫星在获取地表信息的时候，会受到拍摄和传输过程中误差的影响，使卫星所获取的影像与原影像有一定的变化，这使我们在获取遥感影像后，需要对初始影像进行辐射校正和几何校正来修正遥感影像。本文基于 ERDAS Imagine9.2 软件的 Modeler 功能，采用直方图计算方法对遥感影像进行辐射校正，得到研究区遥感影像在 NIR 波段下的最小灰度值，进一步将整个遥感影像减去 NIR 波段下的最小灰度值，再将其余波段与处理后的 NIR 波段进行融合，完成辐射校正；采用多项式法进行几何校正，基于武汉市 1∶10000 地形图和研究区行政图，在研究区内均匀选择清晰易分辨的控制点，如道路交汇点、水域弯折点等，进一步建立控制点并转换。处理后结果误差小于 0.5 个像元，符合影像和研究的精度标准。

（二）影像裁剪

为了获取研究区范围内的遥感数据，需要对校正后的遥感影像进行裁剪。对栅格影像进行裁剪的方法很多，基于 ArcGIS10.3，首先以遥感影像为底图，通过创建 shape 文件绘制研究区边界，确定裁剪范围，再利用 shape 文件对 1988—2017 年间的每一期影像进行裁剪，以获取研究区内的遥感数据。

（三）影像增强

遥感影像由于受到大气和光线的影响，有时产生的遥感数据地物信息不突出，这会影响遥感影像土地利用数据的获取。本文基于 ERDAS Imagine9.2 软件，根据研究需要，采用线性拉伸和主成分变换处理，增强遥感数据的亮度和对比度，突出不同土地利用类型的特征，方便下一步进行土地利用数据的获取。

（四）影像解译与土地利用分类

不同土地利用类型由于其自身形状和反射光的不同，呈现出颜色、纹理、锯齿等各方面的不同。根据相关研究成果，本文将研究区内土地利用类型分为以下6类：水域、建设用地、未利用地、草地、耕地、林地。借助 ERDAS Imagine9.2 监督分类功能和人工目视解译，在遥感影像红光波段、近红外波段和短波红外波段下，根据可分辨的像元类型依次建立各种土地利用类型的监督分类模板，进行分类并利用可能性矩阵工具展开精度评价，多次训练后误差矩阵值大于87%，模板精度较高。通过遥感影像分类，获得1988年、1996年、2004年、2010年、2017年五个年份的南湖地区土地利用数据以及1988—2017年间南湖水域变化数据。

（五）高精度遥感影像数据获取

利用搜狗卫星地图，在1∶9000的比例尺下，利用屏幕截取，获得多张研究区内各个位置的片区图。通过配准，在 ArcGIS10.3 设置共同的控制点，得到研究区内的高分辨率影像。

第三节 近30年武汉市南湖地区土地利用/覆被变化时序分析

一、总体变化特征

通过对南湖地区1988年、1996年、2004年、2010年、2017年五个年份的遥感影像资料土地利用信息的提取，得出五个年份建设用地、水域、林地、草地、耕地、未利用地的土地利用情况和变化特征（见图7-2）。

由表7-2、表7-3、图7-2、图7-3可知，研究区域总面积为7276ha，在1988—2017年间，南湖地区各种土地利用类型都发生了不同程度的变化。建设用地面积始终保持增长，其余五类用地面积都发生了缩减；变化幅度从大到小排序依次为建设用地、水域、草地、林地、耕地、未利用地。

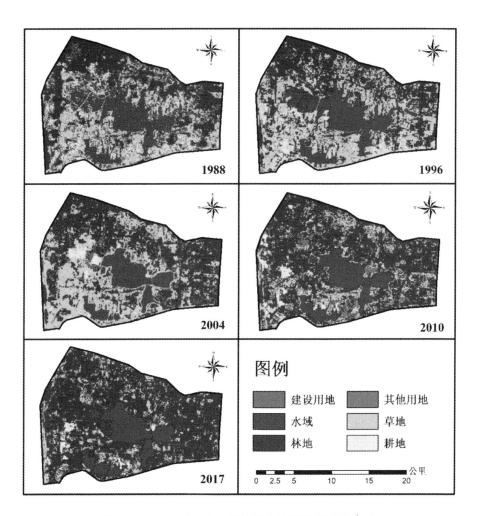

图 7-2 1988—2017 年南湖地区土地利用/覆被变化图

表 7-2 五个年份南湖地区土地利用/覆被变化结构表

土地利用类型	1988 年		1996 年		2004 年		2010 年		2017 年	
	数量/ha	比重/(%)	数量/ha	比重/(%)	数量/ha	比重/(%)	数量/ha	比重/(%)	数量/ha	比重/(%)
水域	1730	23.8%	1485	20.4%	1011	13.9%	851	11.7%	861	11.8%
建设用地	2033	27.9%	2367	32.5%	3794	52.1%	4571	62.8%	5109	70.2%
林地	794	10.9%	426	5.9%	407	5.6%	345	4.7%	299	4.1%
草地	1472	20.2%	1727	23.7%	1181	16.2%	904	12.4%	679	9.3%

续表

土地利用类型	1988年 数量/ha	1988年 比重/(%)	1996年 数量/ha	1996年 比重/(%)	2004年 数量/ha	2004年 比重/(%)	2010年 数量/ha	2010年 比重/(%)	2017年 数量/ha	2017年 比重/(%)
耕地	699	9.6%	935	12.9%	577	7.9%	309	4.2%	234	3.2%
未利用地	548	7.5%	336	4.6%	306	4.2%	296	4.1%	94	1.3%

表 7-3 南湖地区土地利用/覆被两期变化表

土地利用类型	1988—1996年 变化数量/ha	1988—1996年 变化率/(%)	1996—2004年 变化数量/ha	1996—2004年 变化率/(%)	2004—2010年 变化数量/ha	2004—2010年 变化率/(%)	2010—2017年 变化数量/ha	2010—2017年 变化率/(%)
水域	−245	14.2	−474	−31.9	−160	−15.8	10	1.2
建设用地	334	−16.4	1427	60.3	777	20.5	538	11.8
林地	−368	46.3	−19	−4.5	−62	−15.2	−46	−13.3
草地	255	−17.3	−546	−31.6	−277	−23.5	−225	−24.9
耕地	236	−33.8	−358	−38.3	−268	−46.4	−75	−24.3
未利用地	−212	38.7	−30	−8.9	−10	−3.3	−202	−68.2

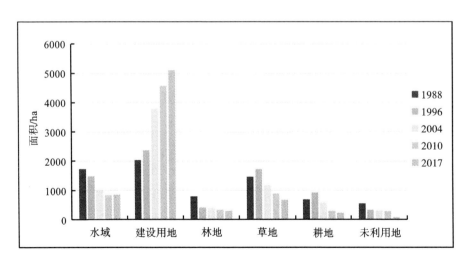

图 7-3 五个年份南湖地区土地利用/覆被变化统计图

(一) 建设用地面积增长快度

建设用地的面积从 1988 年的 2033ha 增加到 2017 年的 5109ha，增加了 3076ha，增加幅度达到 151%。建设用地在南湖地区用地类型中的比重也由 1988 年的 27.9% 上涨到 2017 年的 70.2%，增加了 42.3 个百分点。1988—1996 年、1996—2004 年、2004—2010 年、2010—2017 年四个阶段研究区建设用地比重分别增加了 4.6%、19.6%、10.7%、7.4%，并在 2004 年占比达到一半以上（52.1%），在 2017 年占比约七成（70.2%），成为南湖地区最主要用地类型。这是由于 20 世纪 90 年代末，武汉市提出打造南湖城市副中心之后，南湖地区作为武汉市以城带郊的支撑地带，城市建设不断加快，人口不断增加，建设用地不断增长。从图 7-2 可以看出，1988 年南湖建设用地主要集中在南湖西北部，随后南湖地区建设用地从南湖西北部和东北部不断向南部扩散，并最终充满中央水域以外的整个南湖地区。

(二) 水域损失呈现阶段化特点，损失速率先加快后减缓，最后相对静止

1988—2010 年间水域面积持续下降，水域面积从 1988 年的 1730ha 缩减到 2010 年的 851ha，缩减了 879ha，缩减幅度达到 50.8%，同时水域占南湖地区总面积比例也由 23.8% 下降到 11.7%；进一步可以看出，1988—2010 年间，1988—1996 年、1996—2004 年、2004—2010 年三阶段水域面积缩减幅度差异明显，这三个阶段水域分别缩减了 245ha、474ha 和 160ha。1988—2004 阶段是南湖水域损失的集中阶段。1988—1996 年间，南湖地区城市开发处于起步阶段，水域损失发生在晒湖、南湖边缘，呈斑点状损失。到 2000 年左右，南湖进入了房地产开发的繁荣时期，迪雅花园、丽岛花园、风华天城、名都花园、南湖山庄等房地产纷纷进入环南湖地区，政府规划下的房地产开发出现了大批湖泊填占行为，水域呈现大块面状损失。2010—2017 年间，水域面积有小幅回升，主要是因为武汉市政府湖泊湿地保护政策出台，严禁城市湖泊湿地的进一步填占，同时沿湖泊进行了湿地修复和公园绿道修建。

(三) 林地和未利用地面积持续下降，幅度较大

林地和未利用地始终保持下降，1988 至 2017 年，两者分别下降了和 495ha

和 454ha，到 2017 年两者分别只剩下 299ha 和 94ha，两者所占南湖地区总面积比重也均由 10% 左右下降到 4% 左右。1988—1996 年间，林地和未利用地下降幅度较大，两者研究区域占地比重分别下降了 5.0% 和 2.9%，这是由于在 1988—1996 年间，随着南湖边缘农村居民和城郊居民人口的增加，居民的生产生活对南湖南部的林地和未利用地进行了私自占用，导致林地和未利用地减少。1996 年之后，林地变化幅度不大，政府加强了对于南湖地区的用地规划以及林地保护政策的限制。未利用地在 1996-2010 年间占比相对稳定，在南湖地区土地利用/覆被变化过程中，未利用地转入量和转出量相对较为均衡。

（四）草地和耕地面积先增加后下降，变化幅度均较大

草地和耕地面积均经历了先增加后减少的过程，在 1988—1996 年间，草地面积由 1472ha 增加到 1727ha，耕地面积由 699ha 增加到 935ha，两类用地分别增加了 255ha 和 236ha，所占南湖地区用地类型比重也都增加了 3 个左右的百分点。主要是由于南湖地区武汉市三环线附近居民逐渐向二环线靠近，对于南湖南部和南湖水域周边进行了农耕地开垦，同时也使得耕地周围的草地面积增加。在 1996—2017 年间，草地和耕地面积持续下降，其间两类用地面积分别下降 1048ha 和 701ha，下降幅度为 60.7% 和 75.0%。草地占南湖地区总面积比重也由 23.7% 下降到 9.3%，耕地占比由 12.9% 下降到 3.2%。一方面，草地和耕地被建设用地吸收；另一方面，在武汉市出台湖泊保护相关政策之后，水域填占受到了一定程度的限制，建设用地的扩张转向其他用地类型，草地和耕地减少的速度加快。

二、土地转移特征

本文根据 1988 年、1996 年、2004 年、2010 年、2017 年五个年份的土地利用/覆被变化数据，利用 Erdas Imagine9.2 软件中 GIS Analysis 模块的 Matrix 功能，计算出 1988—1996 年、1996—2004 年、2004—2010 年、2010—2017 年四个阶段的南湖地区土地利用转移矩阵，得到土地利用类型的转移方向，面积和转化率，进一步探讨南湖地区土地利用/覆被变化转移特征。土地利用转移矩阵公式如下：

$$A_{xy} = \begin{bmatrix} A_{11} & A_{12} & A_{13} & \cdots & A_{1m} \\ A_{21} & A_{22} & A_{23} & \cdots & A_{2m} \\ A_{31} & A_{32} & A_{33} & \cdots & A_{3m} \\ \vdots & \vdots & \vdots & \cdots & \vdots \\ A_{n1} & A_{n2} & A_{n3} & \cdots & A_{nm} \end{bmatrix}$$

$$B_{xy} = A_{xy} \times 100\% / \sum_{y}^{n} A_{xy}$$

$$C_{xy} = A_{xy} \times 100\% / \sum_{y}^{n} A_{xy}$$

其中，A 为土地利用转移矩阵，x 和 y 分别表示土地利用类型。A_{xy} 为 t 时期 x 类用地转变为 $t+1$ 时期 y 类用地的面积；B_{xy} 为 t 时期 x 类用地转变为 $t+1$ 时期 y 类用地的面积占 y 类用地转入面积的比重，表示 y 类用地转入成分；C_{xy} 为 t 时期 x 类用地转变为 $t+1$ 时期 y 类用地的面积占 x 类用地总转出面积的比重，表示 x 类用地的转出成分。

（一）1988—2017年土地利用转移特征分析

1988—2017年，土地利用转移变动总面积先增加、后减少。1988—2004年为土地利用转移变动总面积上升阶段，2004—2017年为土地利用转移变动总面积下降阶段。分开来看，在上升阶段，1988—1996年土地利用转移变动总面积为2050ha，1996—2004年土地利用转移变动总面积上涨并达到峰值，为2528ha；在下降阶段，2004—2010年土地利用转移变动总面积为1604ha，相较上一阶段减少924ha，2010—2017年转出/转入总面积变动继续下降，在四个阶段中最低，为872ha。到2017年，整个南湖地区形成以建设用地为最主要土地利用类型。

各类土地利用类型在不同阶段的转化方向和程度不同。从转入方面看，变化最为剧烈的是建设用地，其是唯一的净流入土地利用类型，在四个阶段中总面积始终增加，1988—2017年增加的面积超过3000ha，其中有38.5%来自草地，21.5%来自水域，18.8%来自未利用地，14.5%来自耕地，6.7%来自林地，说明草地、水域和未利用地更直接也更容易转换为建设用地。从转出方面看，变化最为剧烈的是草地和水域，1988—2017年面积下降幅度均超过100%，其中，草地主要流向建设用地、耕地和未利用地，草地流向这三类用地的面积占流出总面积的97.2%，分别为58.2%、27.3%和11.7%，另有少量草地转换为水域，说明草地受城市扩张和农耕活动的影响较大。同时，61.4%的水域转换为建设用地，15.8%的水域转换为耕地，12.3%的水域转换为草地，水域同样受城市开发和农耕活动的影响较大,最直接影响草地和水域面积转化的仍然是建设用地的扩张。相比之下,耕地的土地利用转移程度也较为剧烈,耕地主要流向草地、建设用地和未利用地,且流向这三类用地的面积较为平均,占耕地流出总面积的比重分别为35.9%、30.8%和27.7%。结合图7-2可以看出,随着建设用地的扩散,靠近建设市中心建设用地的耕地地块先转化成为草地或者未利用地,又在下一个阶段转化为建设用地,同时新出现的耕地也在不断向南湖南部地区转移,这说明耕地的变化仍然受到城市人口增加和城市扩张的影响。但是由于耕地农业活动的功能性,其转向建设用地的时间相对较长,草地和未利用地成为耕地转化为建设用地的中间层,所以在整个区间来看,耕地转化为建设用地、草地和未利用地的比重较为均衡。林地也较为明显,林地主要流向草地和耕地,其比重分别占林地流出总面积的39.4%和32.5%,且林地变动主要发生在1988—2004年的南湖南部地区,这说明林地缩减主要是城郊居民毁林开荒、砍伐树林所致。未利用地在每个阶段转入量和转出量都较大,大多由除建设用地外的其他用地转入,又主要流入建设用地,这说明未利用地成为其他用地转化为建设用地的过渡用地类型。

(二)1988—1996年土地利用转移特征分析

由表7-4可知,1988—1996年间,南湖地区各类土地利用转移变化都较为活跃。从转出面积来看,除去建设用地,其他五类用地类型转出面积都超过250ha。其中,转出面积最大的是未利用地,为529ha,其中未利用地转入草地为433ha,占其转出面积的81.9%,是其最主要的转入类型。另有12.7%的未利用地流入建设用地。由图7-2可以看出,未利用地转化多发生在南湖东部和西部区域。一方面,随着南湖中心水域的缩减,未利用地转化为草地;另一方面,随着南湖北部建设用地的扩张,未利用地转化为建设用地。转出面积位于次位的是草地,草地主要流入耕地、建设用地和未利用地,转出到这三类用地类型的面积分别为273ha、101ha、77ha,占草地转出总面积的比重分别为58.2%、21.5%、16.4%。这说明人类社会经济活动范围扩张,对原来城区边缘地区土地利用类型的影响加大。这又表现为农耕活动(耕地)和城市建设(建设用地)对其他土地利用类型的吸收。林地、耕地和水域的转出面积分列三到五位,林地主要流向耕地和草地,其分别占林地转出总面积的43.0%和34.1%,且转换多发生在南湖南部,这说明此阶段毁林开荒现象较为严重。水域流向建设用地比重占转出面积的55%以上,说明建设用地扩张是南湖水域损失的主要原因。从转入面积来看,转入面积最大的是草地,为724ha,未利用地转入为其最主要变动来源,未利用地转入面积是草地转入总面积的59.8%，其次是林地和耕地，比重分别为19.1%和12.0%。转入面积居次位的是耕地，再次是建设用地，转入面积分别为538ha和403ha，其变动来源分别是草地和水域，分别占各自转入面积的55.2%和50.7%。结合图7-2进一步分析，在南湖水域边缘土地利用类型变化剧烈，水域沿岸土地向草地、耕地转化以及水域向建设用地转化明显，南湖北部晒湖周边和南湖中心水域边缘都成为土地利用剧烈变动的区域，这表明区域内土地利用转移不仅是单一的土地利用类型流向另一土地利用类型，同时会影响周围土地利用类型的转移。比如水域的损失和水域周边土地利用类型的转化，建设用地的扩张和建设用地周边土地利用类型的转化。

表7-4 1988—1996年南湖地区土地转移矩阵

1988年/1996年	水域	建设用地	林地	草地	耕地	未利用地	转出面积
水域	/	156	3	39	65	13	276
B	/	38.7%	8.1%	5.4%	12.1%	4.1%	
C	/	56.5%	1.1%	14.1%	23.6%	4.7%	
建设用地	3	/	18	27	5	16	69
B	9.7%	/	48.6%	3.7%	0.9%	5.0%	
C	4.3%	/	26.1%	39.1%	7.2%	23.2%	
林地	2	55	/	138	174	36	405
B	6.5%	13.6%	/	19.1%	32.3%	11.4%	
C	0.5%	13.6%	/	34.1%	43.0%	8.9%	
草地	15	101	3	/	273	77	469
B	48.4%	25.1%	8.1%	/	50.7%	24.3%	
C	3.2%	21.5%	0.6%	/	58.2%	16.4%	
耕地	8	24	8	87	/	175	302
B	25.8%	6.0%	21.6%	12.0%	/	55.2%	
C	2.6%	7.9%	2.6%	28.8%	/	57.9%	
未利用地	3	67	5	433	21	/	529
B	9.7%	16.6%	13.5%	59.8%	3.9%	/	
C	0.6%	12.7%	0.9%	81.9%	4.0%	/	
转入面积	31	403	37	724	538	317	2050

第七章 洪涝事件网络媒体响应机理与灾害成因机制分析

(三) 1996—2004 年土地利用转移特征分析

由表 7-5 可以看出，1996—2004 年间，南湖地区土地利用转移变化程度比上一阶段更加剧烈，一方面整个区域土地利用转移变动总面积增加到 2528ha，比上一阶段增加 478ha；另一方面各类土地利用转移变动差异更加明显，建设用地、草地、耕地和水域转移变动特征突出。从转入面积来看，建设用地是唯一净流入土地利用类型，在此期间建设用地转入 1458ha，占此阶段南湖地区转入变动总面积的 57.7%。建设用地转入面积来源序别依次为草地、水域、耕地、未利用地和林地，转入面积分别为 588ha、313ha、271ha、165ha、121ha，占建设用地转入面积的比重分别为 40.3%、21.5%、18.6%、11.3%、8.3%。其他五类土地利用类型转入建设用地面积都超过 100ha，其中转入建设用地面积最多的草地转入面积超过 550ha，这说明此阶段建设用地急速扩张，建设用地对其他各类用地都有较大幅度的侵占。在此阶段，武汉市政府规划南湖地区为武汉市城市副中心，要求南湖地区容纳 11 万至 15 万人，并且辐射 35 万人口。政府主导南湖地区房地产和商业地产开发，吸纳人口进入，将大量草地、水域和未利用地统一规划为建设用地进行开发，同时部分耕地和林地也随之转化为建设用地。从转出面积来看，草地、耕地和水域分别转出 921ha、662ha 和 520ha，建设用地均是其首要流入方向，草地、水域和耕地转向建设用地面积分别占其转出面积的 63.8%、60.2%、40.9%。此外，水域、草地和耕地三者间相互转换也较为频繁，水域转出到耕地和草地的面积分别为 101ha 和 55ha，占其转出总面积的 19.4% 和 10.6%；草地转出到耕地的面积为 172ha，占其转出总面积的 18.7%。耕地转出到草地的面积为 247ha，占其转出总面积的 37.3%。以上耕地、草地和水域的土地利用相互转移均是除建设用地外的次要转移方向。同时，也有一定数量的耕地转入未利用地 (119ha)。结合图 7-2 可以看出，原南湖地区西部、东部以及南湖北岸耕地区域，随着城市的扩张，或被遗弃，或受到建设用地的开发转为其他用地并于下一阶段继续向建设用地转化。2004 年后，上述区域耕地基本消失，耕地向南湖地区南部转移。林地和未利用地也主要流向建设用地，林地和未利用地转向建设用地面积分别占其转出面积的 76.1% 和 70.2%，但是其转出总量较小，转移至建设用地的面积也相对较小。

表 7-5 1996—2004 年南湖地区土地转移矩阵

1996 年/2004 年	水域	建设用地	林地	草地	耕地	未利用地	转出面积
水域	/	313	8	55	101	43	520

续表

1996年/2004年	水域	建设用地	林地	草地	耕地	未利用地	转出面积
B	/	21.5%	5.7%	14.7%	33.2%	21.0%	
C	/	60.2%	1.5%	10.6%	19.4%	8.3%	
建设用地	3	/	4	5	12	7	31
B	6.5%	/	2.9%	1.3%	3.9%	3.4%	
C	9.7%	/	12.9%	16.1%	38.7%	22.6%	
林地	5	121	/	18	11	4	159
B	10.9%	8.3%	/	4.8%	3.6%	2.0%	
C	3.1%	76.1%	/	11.3%	6.9%	2.5%	
草地	17	588	112	/	172	32	921
B	37.0%	40.3%	80.0%	/	56.6%	15.6%	
C	1.8%	63.8%	12.2%	/	18.7%	3.5%	
耕地	14	271	11	247	/	119	662
B	30.4%	18.6%	7.9%	65.9%	/	58.0%	
C	2.1%	40.9%	1.7%	37.3%	/	18.0%	
未利用地	7	165	5	50	8	/	235
B	15.2%	11.3%	3.6%	13.3%	2.6%	/	
C	3.0%	70.2%	2.1%	21.3%	3.4%	/	
转入面积	46	1458	140	375	304	205	2528

（四）2004—2010年土地利用转移特征分析

由表7-6可以看出，2004—2010年间，南湖土地利用类型转移变动总面积相对上一阶段下降，为1604ha，但是其特点依然表现为水域、草地和耕地向建设用地转移。同时，在此阶段，未利用地也大幅流向建设用地，林地变动已相对静止。从转入面积来看，建设用地转入836ha，依旧是南湖地区唯一净流入土地利用类型，其主要来源分别为草地（302ha）、耕地（197ha）、未利用地（185ha）、水域（123ha），占建设用地流入总面积比重分别为36.1%、23.6%、22.1%、14.7%。在此阶段，草地、耕地、未利用地和耕地流向建设用地面积相对上一阶段较为平均,均在 100~300ha 之间。从转出面积来看,水域、草地、耕地和未利用地,分别转出 230ha、493ha、372ha、271ha,相比上一阶段不同土地利用类型转出面积差距相对缩小,但是不同土地利用类型仍然大量流向建设用地,水域、草地、耕地和未利用地流入建设用地面积占其转出总面积的 67.6%、55.6%、53.0%、68.3%。2002 年后,武汉市相继出台《武汉市湖泊保护条例》《武汉市中心城区湖泊"三线一路"保护规划》等湖泊保护政策,对在水域、水域边缘草地等城市湿地区域的开发进行限制,草地和水域转入建设用地总量相比上一阶段大幅下降。

表 7-6 2004—2010 年南湖地区土地转移矩阵

2004 年/2010 年	水域	建设用地	林地	草地	耕地	未利用地	转出面积
水域	/	123	14	43	14	36	230
B	/	14.7%	20.9%	16.2%	12.8%	13.8%	
C	/	67.6%	6.1%	18.7%	6.1%	15.7%	
建设用地	15	/	11	5	7	21	59
B	23.1%	/	16.4%	1.9%	6.4%	8.0%	
C	25.4%	/	18.6%	8.5%	11.9%	35.6%	
林地	0	29	/	32	8	60	179
B	0.0%	3.5%	/	12.0%	7.3%	23.0%	
C	0.0%	22.5%	/	24.8%	6.2%	46.5%	
草地	20	302	21	/	77	123	493
B	30.8%	36.1%	31.3%	/	70.6%	47.1%	
C	3.7%	55.6%	3.9%	/	14.2%	22.7%	
耕地	26	197	16	112	/	21	372
B	40.0%	23.6%	23.9%	42.1%	/	8.0%	
C	7.0%	53.0%	4.3%	30.1%	/	5.6%	
未利用地	4	185	5	74	3	/	271
B	6.2%	22.1%	7.5%	27.8%	2.8%	/	
C	1.5%	68.3%	1.8%	27.3%	1.1%	/	
转入面积	65	836	67	266	109	261	1604

(五) 2010—2017 年土地利用转移特征分析

由表 7-7 可以看出，2010—2007 年间是南湖地区土地利用变动程度最低的阶段，在此期间南湖地区土地利用转移变动总面积为 872ha。建设用地始终为主要净流入类型。结合图 7-2 可以看出，武汉城市扩张至南湖南部地区，南湖南部地区其他用地转化为建设用地特征明显。值得注意的是，在 2010—2017 年间，水域首次成为净流入土地利用类型。这是由于在 2010—2017 年间，湖泊保护力度不断增强，湖泊湿地边缘被设计为公园绿道和文化公园，对湖泊边缘进行整饬和湖泊恢复，使得南湖地区水域面积有所回升。草地转入面积和转出面积均较大，草地转出建设用地面积为 258ha，占其转出总面积的 71.3%。草地转入面积 170ha，其中耕地转入草地面积 103ha，占比为 60.6%。既表现为草地转换为建设用地，又由耕地转换而来。原南湖南部地区的耕地和草地土地利用类型，都逐渐转移为草地和建设用地，以响应城市化进程，在水域被重点保护的情况下，建设用地的吸纳重点由水域转向草地和原城市边缘的耕地。

表 7-7 2010—2017 年南湖地区土地转移矩阵

2010 年/2017 年	水域	建设用地	林地	草地	耕地	未利用地	转出面积
水域	/	7	0	3	0.0%	2	12
B	/	1.3%	0.0%	1.8%	0	5.9%	
C	/	58.3%	0.0%	25.0%	0.0%	16.7%	
建设用地	1	/	2	4	1	5	13
B	4.5%	/	18.2%	2.4%	1.2%	14.7%	
C	7.7%	/	15.4%	30.8%	7.7%	38.5%	
林地	0	13	/	27	17	0.0%	57
B	0.0%	2.4%	/	15.9%	20.2%	0	
C	0.0%	22.8%	/	47.4%	29.8%	0.0%	
草地	12	258	9	/	64	19	362
B	54.5%	46.8%	81.8%	/	76.2%	55.9%	
C	3.3%	71.3%	2.5%	/	17.7%	5.2%	

续表

2010年/2017年	水域	建设用地	林地	草地	耕地	未利用地	转出面积
耕地	3	78	0	103	/	8	192
B	13.6%	14.2%	0.0%	60.6%	/	23.5%	
C	1.6%	40.6%	0.0%	53.6%	/	4.2%	
未利用地	6	195	0	33	2	/	236
B	27.3%	35.4%	0.0%	19.4%	2.4%	/	
C	2.5%	82.6%	0.0%	14.0%	0.8%	/	
转入面积	22	551	11	170	84	34	872

第四节 武汉市南湖地区水域损失与建设用地扩张分析

一、武汉市城市空间用地变化特征

由前文可知，南湖地区土地利用时序变化凸显出建设用地不断扩张，水域不断缩减，且水域主要流向建设用地的特征。这一方面导致南湖地区湿地蓄水功能的下降；另一方面下垫面硬化使得南湖地区地表径流量增大，提升了南湖地区内涝的敏感性。因此，本节对水域与建设用地的动态变化再作进一步的讨论。既有研究表明，武汉市整体城市空间发展是以南北向江水和东西向山体为轴的"十"字形扩张。南湖地区处于"十"字状的东南方，其西北到武汉市城市中心不超过6千米，东北到光谷副中心不超过4.5千米，南湖地区的土地利用变化直接受到城市南向发展的影响。

南湖地区水域历年变化情况如图7-4所示。

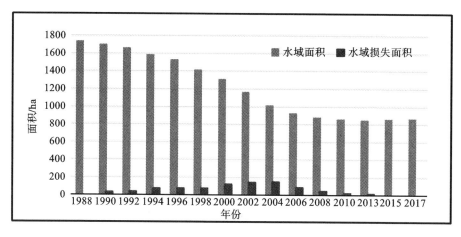

图 7-4　南湖地区水域历年变化情况

二、南湖水域损失的时空特征

1988—2017 年间，南湖地区水域大幅下降，由 1988 年的 1730ha 降至 2010 年的 861ha，共减少 869ha。根据损失量的差异，可分为损失量增加阶段（1988—1996）→损失量最大阶段（1996—2004）→损失量减少阶段（2004—2010）→水域变化静止阶段（2010-2017）四个阶段，这四个阶段南湖水域每两年年均损失量依次为 28.1ha、61.8ha、25.7ha、-1.7ha。1988—1996 年和 2004—2010 年两个阶段的水域损失量较为稳定，各减少 245ha 和 160ha，分别占南湖水域总损失面积的 28.2% 和 18.4%。1996—2004 年间，水域大幅减少，损失量为 474ha，占损失总面积的 54.5%。2004 年是转折点，1988—2004 年间，水域损失量逐渐增加。2004—2017 年间，水域损失量逐渐下降。到 2010 年之后，水域相对不再发生变化。

南湖地区各阶段水域损失面积占总损失面积比重如图 7-5 所示。

三、南湖水域向建设用地转移特征

考虑到建设用地相对其他用地类型的稳定性，本文基于 GIS 技术，将四个阶段南湖损失水域图和 2015 年研究区高分辨率遥感影像进行叠加，绘制损失水域流向的具体建设用地类型，得到南湖水域流向建设用地转移矩阵（见表 7-5），用来分析南湖水域开发导向。1988—2017 年间，在消失掉的水域面积中，有

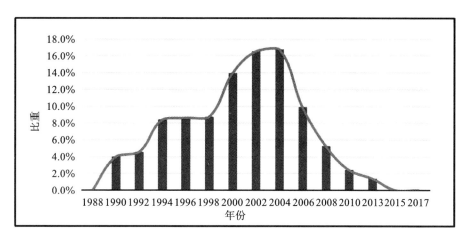

图 7-5 南湖地区各阶段水域损失面积占总损失面积比重

73.9%转换为建设用地（654ha），其中，60.6%转换为居住用地，10.9%转换为学校用地，9.9%转换为商业服务业设施用地，道路与交通设施用地、绿地与广场用地以及公共管理机构用地依次占比为 8.0%、6.0% 和 4.7%。居住用地是损失水域转换为建设用地中最主要的类型。在四个阶段中（见表 7-8），居住用地占水域向建设用地转移面积比重一直在 57% 到 62% 之间，表明南湖地区居住用地的开发是南湖水域损失的主导因素。道路与交通设施用地以及商业服务业设施用地比重在各个阶段差异不大，分别保持在 6.9%~14.3%、10.4~14.5%。同时，伴随着房地产开发而进行的是商业服务业用地的开发和交通道路的优化，这对水域损失也有一定影响。水域转换为学校用地和公共管理机构用地的过程集中发生在 1996—2010 年间（第二阶段和第三阶段）。2000 年之后，高校不断扩招，同时要求教育用地的增加，也伴生了一部分向湖拿地的现象。绿地与广场用地的比重持续增加，由最开始的 5.4% 增加到最后一个阶段的 14.3%。在最后一个阶段，南湖地区沿湖泊进行了植被恢复以及湖泊美化和文化公园的修建，绿地比重继续提升。总的来说，随着水域大幅损失和住宅用地及其配套设施的建设，南湖地区建设用地密集度越来越大。过密的建筑区域和道路网络，使得南湖地区的滞水隐患较大。

表 7-8 1988—2017 年水域转换建设用地情况

水域转建设用地	1988—1996 年		1996—2004 年		2004—2010 年		2010—2017 年	
	数量/ha	比重/（%）	数量/ha	比重/（%）	数量/ha	比重/（%）	数量/ha	比重/（%）
建设用地	147	22.5%	376	57.5%	124	19.0%	7	1.1%

续表

水域转建设用地	1988—1996年		1996—2004年		2004—2010年		2010—2017年	
	数量/ha	比重/（%）	数量/ha	比重/（%）	数量/ha	比重/（%）	数量/ha	比重/（%）
商业服务业设施用地	21	14.3%	39	10.4%	18	14.5%	1	14.3%
居住用地	90	61.2%	231	60.4%	71	57.3%	4	57.1%
学校用地	14	9.5%	46	12.2%	11	8.9%	0	0%
公共管理机构用地	2	1.4%	17	4.5%	5	4.0%	0	0%
绿地与广场用地	8	5.4%	21	5.6%	9	7.3%	1	14.3%
道路与交通设施用地	12	8.2%	26	6.9%	10	8.1%	1	14.3%

四、本节总结

本节利用遥感影像分类、GIS空间叠加和土地利用转移矩阵等方法，对1988—2017年武汉市南湖地区的土地利用类型的数量变化、空间变化和转移变化进行了分析。研究表明，武汉市南湖地区土地利用结构发生了较大变化，不同土地利用类型变化差异显著：

（1）建设用地持续扩张，其面积由1988年的2033ha增加到2017年的5109ha，增加幅度达151.3%，并成为南湖地区最主要的土地利用类型；

（2）水域、草地、林地和未利用地面积大幅下降，1988—2017年间分别缩减869ha、793ha、495ha、454ha；

（3）除建设用地外的其他土地利用类型，在发生土地利用转移变化过程中，其转出均主要流向建设用地，值得注意的是，73.9%的损失水域转出到建设用地，62.7%的草地转出到建设用地，这表明近30年间南湖地区的下垫面发生了较大变化，南湖地区湿地数量大幅下降，湿地范围大幅缩减；

（4）基于高分辨率遥感影像进一步分析损失水域转化建设用地具体情况，发现损失水域主要转换成以居住用地、商业服务业用地和道路与交通设施用地为主的建设用地类型。

总的来看，南湖地区土地利用变化的结果是以居住用地为核心的建设用地大幅扩张，以水域和草地为核心的湿地大幅缩减，这使得南湖地区下垫面硬化程度提升。

在此基础上，本案例研究考量土地利用/覆被变化、地势地形、降水量以及社会经济密度等因子作用下的南湖地区城市内涝风险情况，并以武汉市 2016 年 7 月南湖地区内涝灾害为对象，借助社交媒体，挖掘内涝灾害的空间和属性信息，与城市内涝风险分布图进行比较，分析南湖地区土地利用/覆被变化内涝响应机制，这有助于形成防范或降低城市内涝灾害的土地利用开发对策。

第五节 武汉市南湖地区内涝灾害响应分析

一、基于社交媒体的南湖地区内涝灾害信息获取

我们分别在百度搜索和雅虎搜索中以几组关键词对 2016 年武汉市南湖内涝的社交媒体信息进行搜索，限定网页发布时间为 2016 年 7 月 1—31 日，并对每次搜索引擎结果的前 50 条网页进行摘取，同时去掉搜索结果中非限定时间内的网页记录和重复出现的网页记录，最后累计获取中英文社交媒体报道 200 条，其中包括官方通告、新闻报道、视频以及微博/博客/论坛等自媒体信息（见表 7-9）。进一步对 200 条报道中的南湖地区受灾地点出现次数进行统计。在统计结果中累计频次较高、频繁出现的内涝地点是社会关注的焦点，一方面表明该内涝区域在一定时间内被集中报道，另一方面表明内涝区域受灾时间较长而被持续关注。

表 7-9 社交媒体搜索规则和结果

搜索引擎	关键词	限制时间	获取报道条数	类型
百度搜索	武汉市南湖内涝		50	官方通告、新闻报道、视频、微博/博客/论坛
百度搜索	武汉市南湖水灾		50	
百度搜索	武汉市南湖渍水		12	
百度搜索	武汉市南湖内涝+微博	2016.7.1-2016.7.31	20	
百度搜索	武汉市南湖内涝+博客		10	
雅虎搜索	Wuhan Flood		47	News/Web/Casestudy
雅虎搜索	Flood in South Lake Wuhan		6	
雅虎搜索	South Lake		5	

通过对网页中所提到的积水点进行获取,以及对网页中关于积水区域的图片进行识别整理,最终得出,在研究区范围内,社交媒体信息中所提到的积水点共有 79 处,积水点频次累计共 312 次。其中被提及 10 次以上的积水点有 5 处,分别是南湖雅园、风华天城、光谷、书城路、金地格林小城;被提及 6~10 次的积水点有 10 处,分别是南湖假日、武昌府、文治街、大华南湖公园世家、雄楚大道、光谷大道、保利中央公馆、珞狮南路、光谷金融港、文馨街、南湖花园;被提及 2~5 次的积水点有 31 处;被提及 1 次的积水点有 33 处(见表 7-10)。从被提及的积水点频次占比来看,被提及 10 次以上的积水点占总积水点处数的 6.3%,被提及 6~10 次、2~5 次及 1 次的积水点分别占总积水点处数的 12.7%、39.2%、41.8%,这表明所收集的积水点信息能够体现社交媒体信息在南湖内涝事件中的感应器效应,能够较好地反映南湖地区内涝事件中积水点分布信息的广度和积水点属性信息的深度。

表 7-10 滞水地点统计频次表

出现频次	地点名称	处数	比重
10 次以上	南湖雅园、风华天城、光谷、书城路、金地格林小城	5	6.3%
6~10 次	南湖假日、武昌府、文治街、大华南湖公园世家、雄楚大道、光谷大道、保利中央公馆、珞狮南路、文馨街、南湖花园	10	12.7%
2~5 次	南湖山庄、民族大道、华中农业大学、武昌火车站、洪山区政府、雅安街、华科武昌分校、平安路、梅苑小区、沁康苑、龙威小区、恒安路、李纸路、武汉理工大学南湖校区、中南民族大学、水域天际、狮子山街、升升公寓、晒湖小区、晒湖涵洞、南湖名都、丽岛紫园、静安街、建安街、都市桃源、祥和苑、南湖保利心语、富安街、东方莱茵、博雅苑、南湖广场	31	39.2%
1 次	武汉职业技术学院、文昌路、桃园路、瑞安街、柒零社区、七一二所、南湖路、龙港小区、凯旋名邸、金地圣爱米伦、教师小区、江村村、江宏花园、虎泉街杨家湾、湖北工业大学、湖北商贸学院、湖北省检察院、光谷紫菘枫林上城、丁字桥南路、崇文路、成功花园、北港春苑、宝安花园、027 社区、武汉理工大学马房山校区、华中师范大学佑铭体育馆、丽岛花园、南湖新城、南湖板桥村、张黄新村、伯港城、南湖红旗村、南国 SOHO 小区	33	41.8%

第七章 洪涝事件网络媒体响应机理与灾害成因机制分析

（一）基于社交媒体信息的积水点属性分析

如图7-6所示，在所出现的79处积水地点中，出现了住宅区、街道、学校、公共管理机构、商圈、公园等城市空间类型，这说明在此次南湖地区的内涝事件中，内涝范围广，南湖地区各类工作和生活空间都受到了一定的影响。各类城市空间受内涝影响程度不同，在79处被报道的积水点中，有41处是住宅区，占积水点处数的比重为51.9%；22处是街道，占比为27.8%；9处是学校，占比为11.4%；另有4处是公共管理机构，2处是商圈，1处是公园，占积水点处数的比重依次为5.1%、2.5%和1.3%。进一步分析可知，在5处频次在10次以上的积水点中，住宅区有3处，街道有1处；在15处出现频次在5次以上的受灾地点中，住宅区有8处，街道有6处，住宅区和街道是本次南湖地区内涝灾害的集中区域。

在关于南湖地区内涝灾害的社交媒体信息中，受社交媒体较为关注的是南湖雅园，其总共出现了41次，表明南湖雅园可能是此次南湖内涝事件中受影响较大、灾情较为严重的区域之一；其次是风华天城和光谷，均出现20次以上。

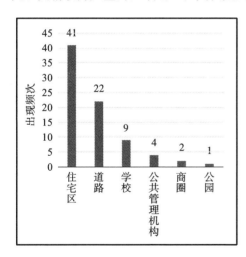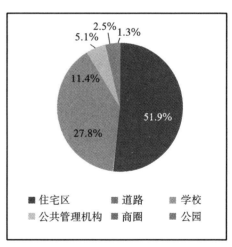

图7-6 积水点分类结果和类别比重

（二）基于社交媒体信息的积水点空间分布

根据所获取的79处积水点的地点名称和对积水点图片识别情况，一方面，本文基于武汉市地图和高分辨率遥感影像，寻找内涝点所在位置并进行标注；另一方面，本文通过腾讯街景地图对积水点图片进行比对并获取地理坐标，最终确定79处积水点并绘制研究区积水点分布图。

图7-7是南湖地区积水点空间分布图，可以看出，积水点在南湖中心水域四周都有存在，但是积水点主要集中在中心水域西岸和南湖西部地区，空间分布呈现"卜"字特征。南湖地区西部积水点集中在巡司河沿岸，呈现出与巡司河南北平行的竖条形分布，纵穿南湖地区西部；南湖西岸的积水点则集中在巡司河、珞狮南路与雄楚大道之间，密度较大；另有少量积水点分布在南湖北部和南湖东部地区，相比较而言，南湖南部地区积水点分布较少；进一步观察积水点与南湖地区水域的位置可以看出，越靠近南湖中心水域的积水点越密集，越远离南湖中心水域的积水点越稀少；同时还可以发现，积水点容易出现在两条道路的交汇处。

观察不同频次积水点空间分布，可以发现，出现频次在10次以上的积水点，除光谷在南湖东北地区，其余全部落在南湖西岸的集中积水点区域；出现频次在6~10次的积水点，10处之中有8处在南湖西岸和南湖地区西部区域；而竖条形积水带则以频次为1和频次为2至4次的积水点为主。从频次分布可知，南湖西部地区和南湖西岸是此次南湖内涝灾害中受灾较为严重的地区，巡司河两岸的条形地带是南湖内涝灾害中受灾较为严重的地区，南湖北岸、东岸和南湖地区东北区域内涝程度相对较小，南湖南岸在此次南湖内涝事件中受到的影响最小。

二、南湖地区内涝灾害响应分析

（一）城市内涝灾害风险因素分析

影响城市内涝灾害风险的因素有很多，可以从两个方面进行概括：一是内涝灾害的危险性，其影响因子包括区域内土地利用状况、不透水面分布、植被分布、地势、坡度、降雨量等自然地理条件；二是内涝灾害的易损性，其影响因子包括人口密度、住宅和道路密度等社会经济状况。近年来，学术界对内涝灾害影响因子的研究已经取得了一定的成果。本小节根据研究区状况、数据的可获得性和准确度，基于前文中研究区土地利用/覆被变化情况，选取研究区不透水面分布、地势、水域边界变化、降雨量以及住宅区密度，对南湖地区积水点分布和内涝响应展开探讨。

（二）积水点与南湖地区不透水面变化分析

城市下垫面变化会导致城市水文系统的变化，不透水面面积和密度加大，会

第七章 洪涝事件网络媒体响应机理与灾害成因机制分析

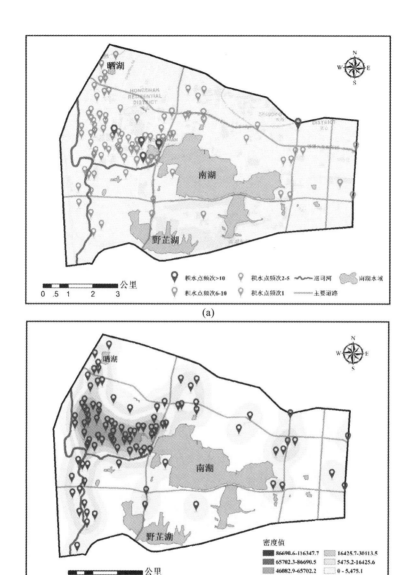

图 7-7 南湖地区积水点空间分布图

提升城市内涝的可能性。1988—2017 年间，南湖地区土地利用结构发生剧烈变化，草地、林地、耕地和水域持续减少并转换成建设用地。1988—2017 年间，南湖地区不透水面面积急剧扩张，南湖地区不透水面比重由 35.5% 增加到 71.5%，水域及透水面比重由 64.5% 下降到 28.5%。1988 年，南湖地区不透水面主要集中在南湖地区西北部、北部和东部部分区域，南湖水域沿岸、南湖地区西南和南部地区则是大面积的透水下垫面；2017年，南湖地区不透水面广泛分布于南湖地区，水域面积和透水面面积相较1988年大幅下降，水域边界由破碎变为平整光滑，透水面也由块状变成点状，散落在南湖地区（见图7-8）。

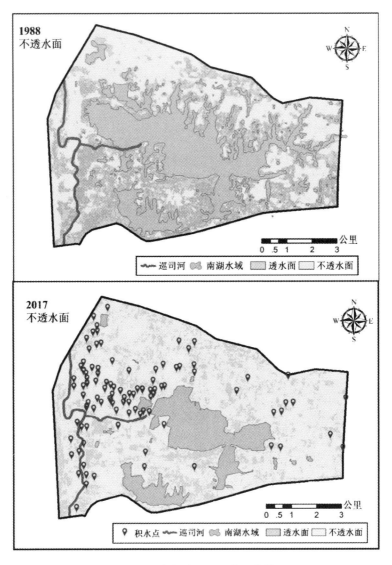

图 7-8　南湖地区不透水面变化

进一步观察积水点和不透水面位置关系，借助 GIS 空间分析技术，可知在 79 处积水点中，有 64 处落在不透水面上，占积水点处数的 81.0%，仅有 15 处落在透水面上；在积水点呈竖条状集中分布的南湖西部巡司河沿岸，可以对比发现此处在1988年是水域、河流和透水面交叉分布的湖泊边缘湿地区域，现在却大面积转化为不透水面。不透水面的扩张对整个南湖地区的水量循环产生了相当大的影响，这不仅加快了地表汇水过程，还弱化了地表对径流的吸收，提升了内涝风险。

（三）积水点与南湖地区地势、河道分析

根据图7-9可以看出，南湖地区海拔集中在13～36米之间。整个区域地势东边较高，西边较低。南湖地区北部是华中师范大学所在的桂子山、东部是洪山区关山街道，南部是华中农业大学所在的狮子山，使得南湖地区呈现"勺"状，"勺"口在南湖地区西部，因此南湖西岸和南湖西部地区也是主要集水区域。南湖地区中部的南湖水域相对闭塞，仅有巡司河一条水系分布，在丰雨期，南湖地区需要通过巡司河向外导水。但是一方面，巡司河河道较长，向北沟通长江的河道超过8千米，向南沟通汤逊湖的河道超过15千米，延缓了排水速度；另一方面，由于南湖地区密集的人口和建筑分布，巡司河河道较为平直，南湖西部地区河网密度较低，巡司河两岸堤坝硬化程度较高。在短期大量降雨条件下，排水管道过长和地势较低使得南湖地区积水向外疏解的过程较为缓慢，排水工作较为困难，南湖地区本身就容易成为集水区。

观察积水点和南湖地区地势高值的位置关系，基于GIS空间分析，可知在79处积水点中，有64处落在28.5米以下，占积水点处数的79.7%，其中有56处落在13.2～28.5米的地势区间，有8处落在0～13.1米的地势区间；另有7处落在28.6～36.6米的地势区间，有6处落在36.7～45.6米的地势区间，2处落在45.7～70米的地势区间，分别占积水点处数的8.9%、7.6%和2.5%。积水点主要落在南湖地区西部和巡司河沿岸地势较低的区域，另有少量积水点分布于南湖北部和南湖东部高地势区域内部。这说明地势是积水点位置分布的主要影响因素。低地势区域积水快，地表径流汇聚，向外导水难。南湖地区西部和南湖西岸是南湖地区的"勺口"，整个研究区域地势较低，在降雨天气下成为汇水区，且积水抽排难度大，这是积水点密集分布在此区域的重要原因。

（四）积水点与南湖地区水域变化分析

1988—2017年，南湖地区水域面积下降了869ha，而损失多发生在南湖中心湖泊的西岸、北岸和东北地区。在所出现的79处积水点中，有37处落在1988年南湖边界内，覆盖率达到46.8%。进一步将积水点出现频次纳入考虑，结合图

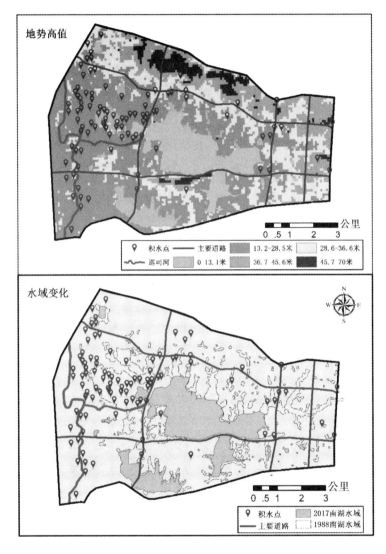

图 7-9 南湖地区高程图和水域变化图

7-9可以发现,原南湖边界内部是南湖内涝发生的集中区域,也是南湖内涝程度较为严重的区域。出现频次在 6 次及以上的 15 处积水点中,有 12 处发生在 1988 年南湖水域边界内,比重达 80%。在南湖地区西部和南湖西岸、北岸的原南湖水域内部,本身地势较低,水域面积较广,在被填占开发建设住宅小区和道路后,也与南湖湖面高差不大,均在 20 米左右。在短期大量降雨的时候,整个区域受到邻近南湖水位的顶托,住宅区的排水管网失去作用。

（五）积水点与南湖地区降雨量分析

图 7-10 是 1988—2016 年武汉地区降雨量状况，武汉市丰雨年和少雨年呈间隔分布。在 1996 年以前，南湖地区城市扩张较慢，建设用地扩张速度较慢，湖泊和透水面覆盖率高，在丰雨期能够充分容纳城市积水，内涝发生概率较低。1996—2004 年间，南湖地区城市化飞速推进，南湖水域和其他透水面大幅缩减，削弱了区域的蓄水功能，之后在 2004 年和 2013 年都发生过较为严重的涝灾。2016 年 7 月，武昌地区降雨量超过 2100 mm。2016 年 7 月 1—6 日，南湖地区的强降雨使区域水量超过南湖地区本身蓄水量，地表径流不断增加且无法排导，致使南湖地区数条道路和多个住宅区成为严重涝灾区域。

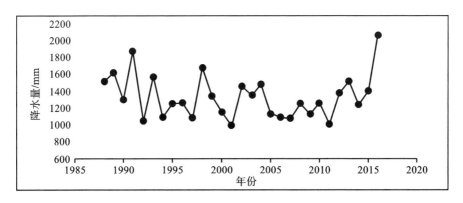

图 7-10　武汉市 1988—2016 年降水量

（六）积水点与南湖地区住宅区密度分析

不同区域承受涝灾后的损失存在差异，同一区域承受不同强度的涝灾后损失也不相同，内涝灾害的风险程度不仅要考虑区域内涝灾害发生的敏感性，也要考虑区域社会经济密度及其内涝灾害的易损性。2004 年，武汉市规划局提出并评审通过南湖地区发展南湖居住新城，南湖地区成为武汉市城市副中心，作为武汉市大量人口容纳的区域。按照南湖地区规划，南湖城市副中心总面积达 1300ha。到 2020 年左右，南湖地区可容纳 30 万人。之后，洪山区政府着力将南湖周边地区打造为洪山区经济结构调整、经济发展方式转变的示范区和武汉市新兴商业中心。目前南湖地区成为武汉市人口和住宅区高度密集、道路网络完善、教育资源丰富、商业和服务业繁荣的武汉市社会经济发展较为成熟的区域。因此，在内涝事件中，南湖地区的易损性较高，受到的影响较大，经济损失较为严重，南湖地区的积水点也更加容易受到社交媒体的持续关注,本文将继续进行积水点与住宅区密度分析。

由图7-11可以看出,南湖地区住宅区密集分布的区域有四块:雄楚大道和巡司河之间的南湖地区西北部区域,南湖西岸和北岸的原南湖水域边界内,雄楚大道和民族大道交汇处的南湖东北部区域,南湖大道和民族大道交汇处的南湖西南部区域。这与积水点的空间分布有相同点也有区别。一方面,南湖地区西北部和南湖沿岸以及南湖东北部的住宅区高密度区域,也是内涝中积水点的集中区域,这些区域道路网络密集,不透水面广布,又落在原湖泊边界内部或者湖泊沿岸,地势较低,结合积水点频次分布可以看出,是南湖内涝事件中的灾难严重区域;另一方面,南湖西南部的中等密度住宅区,只存在1处积水点,这是由于南湖东南部离南湖中心水域较远,地势较高且本身还依势修建有湖泊公园,受内涝灾害侵袭较少。另外,值得关注的是,南湖地区西南部巡司河沿岸的住宅密度较低,却也成为积水点遍布的空间,这是由于此区域属低地势区域,容易发生内涝灾害,同时湖北工业大学、华中科技大学武昌分校等高校分布在此区域,人口活动程度较高,这也使得此区域成为社交媒体关注的焦点。

通过积水点和南湖地区土地利用/覆被变化、地势、降水量等因素的叠加分析可以看出,尽管土地利用/覆被变化下的建设用地扩张和湿地损失不是城市涝灾的唯一原因,但是在湖泊边界以内,地势较低,水域、草地等转换为建设用地导致下垫面硬化等,区域排水和容水功能削弱,使得原湖泊边界内部径流汇聚速度更快,导水更难,同时由于此区域内社会经济要素更加密集,内涝灾害的影响也更大。

三、南湖地区积水风险分布

(一)南湖地区内涝灾害风险矩阵

灾害风险矩阵是在灾害评价过程中识别风险等级的重要方法之一,通过灾害风险矩阵,能够对灾害的风险程度、影响因素进行综合分析。灾害风险矩阵图经常采用二维表格和不同色差对不同影响因素分值下的风险等级进行展示。

本文通过前面的分析,确定了研究区风险分析的两个方面:一是灾害发生的危险性,其影响因子包括不透水面、水域变化、地势高值、降雨量;二是灾害发生的易损性,其影响因子包括住宅区密度。本文以此来对研究区内涝灾害的风险

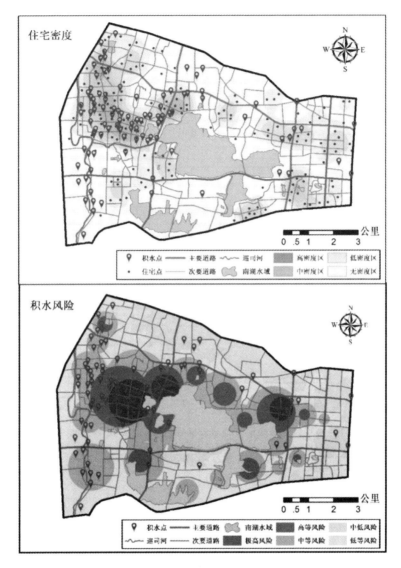

图 7-11 南湖地区住宅区密度和积水风险图

等级进行分析。

在图 7-12 中,首先对内涝灾害的危险性进行分析,包括地表评价和地势评价两个层面。地表评价又包含是否位于不透水面和是否位于原水域内两个因子,交叉后产生高、中、低三个层级。地势评价包含地势高程,不同地势的区域内涝发生的可能性和危险性也不同,可将地势评价分为高、中、低三个层级,与地表评价交叉后产生极高、高、中、低四个层级。其次对内涝灾害的风险性进行分析,包括住宅区密度一个因子，分为高密度、中密度、低密度和无密度四个层级。最后将危险性的四个层级和易损性的四个层级交叉，得到极高风险、高等风险、中等风险、中低风险、低等风险五个等级。具体交叉结果关系如下：

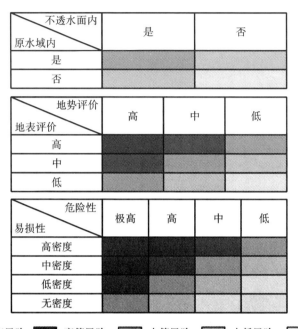

图 7-12　南湖地区内涝风险等级图（地表影响评价 a、危险性评价 b、风险等级评价 c）

（1）地表评价＝不透水面内＋原水域内，根据是否交叉关系，得到高（是＋是）、中（是＋否）、低（否＋否）三个层级；

（2）地势评价＝k/地势高值，地势越低的地方内涝发生的可能性和危险性也越大，所以得到的结果分为高（地势低值）、中（地势中值）、低（地势高值）三个层级；

（3）内涝危险性＝地表评价＋地势评价，根据高、中、低三个层级的交叉关系，得到极高（高＋高）、高（高＋中）、中（高＋低、中＋中）、低（中＋低、低＋低）四个层级；

（4）内涝易损性＝住宅区密度，由 ArcGIS10.3 密度分析中的核密度计算住宅区点分布后，分类得到高密度、中密度、低密度和无密度四个层级；

（5）内涝灾害性＝内涝危险性＋内涝易损性，根据四个危险性层级和四个密度易损性层级交叉关系，得到极高风险（极高＋高密度、极高＋中密度、高＋高密度）、高等风险（极高＋低密度、高＋中密度、中＋高密度）、中等风险（极高

＋无密度、高＋低密度、中＋中密度、低＋高密度）、中低风险（高＋无密度、中＋低密度、低＋中密度）、低等风险（中＋无密度、低＋低密度、低＋无密度）这五个等级。

根据以上五个等级的计算过程和结果，绘制南湖地区内涝风险等级图，和此次积水点空间分布进行叠加，进一步分析社交媒体在城市内涝事件过程中的感应作用。

（二）社交媒体信息和内涝风险等级耦合分析

如图7-13所示，南湖地区内涝风险等级空间分布差异明显，南湖内涝风险等级空间分布和内部积水点处数以及积水点出现频次具有一致性。

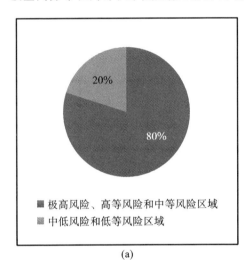
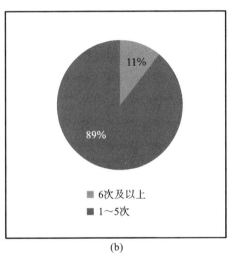

图7-13 积水点内涝风险等级分布状况（a）、中低和低等风险区积水点频次状况（b）

极高风险区域有三块：一是南湖西岸；二是南湖西北岸；三是南湖东北岸。这三块区域和南湖中心水域邻近，位于原南湖水域边界内，地势低，同时住宅、道路密集，不透水面广布；高等风险区域环绕在极高风险区域周边，同时也出现在南湖西南野芷湖北部、南湖北岸沿岸、南湖东南沿岸，这些区域相较而言住宅密度低于极高风险区域；中等风险区域环绕高等风险区域分布，同时值得注意的是，在南湖西部区域，存在南北向竖条状的中等风险区域；中低风险区域呈不规则状分布于中等风险区域和低等风险区域之间；低等风险区域主要分布于南湖地区北部、东部，南湖南部也有一片低等风险区域，是南湖南部地区地势较高的狮子山。

从积水点分布来看，积水点主要落于南湖地区中等风险、高等风险和极高风险区域内。借助 GIS 叠加分析可知,落在中等风险、高等风险和极高风险区域的积水点有 51 处,占总积水点处数的 64.6%。进一步结合积水点频次进行分析,在极高风险区域,出现频次在 10 次以上的积水点有 60%(3/5)分布于内,出现频次在 6 次及以上的积水点有 66.7%(10/15)分布于内;在极高和高等风险区域内,出现频次在 6 次及以上的积水点有 73.3%(11/15)分布于内;在极高风险、高等风险和中等风险区域内,出现频次在 6 次及以上的积水点有 80%(12/15)分布于内;在中低风险和低等风险区域,主要是出现频次在 1~5 次的积水点分布于此,这两个等级的风险区域内,28 处积水点中有 25 处是出现频次在 1~5 次的积水点,占其内部积水点处数的 89.3%。

可以看出,一方面,积水点更容易出现在中等及以上风险区域内;另一方面,在不同风险等级区域内,出现频次越多的积水点容易出现在更高风险区域内,在风险相对较低的区域内则更多存在出现频次较低的积水点。社交媒体所反映的不同区域内涝点的灾害程度和南湖地区内涝风险等级分布具有一致性,受灾相对较为严重的区域主要分布于较高的内涝风险区域,受灾相对较为轻微的区域主要分布于较低的内涝风险区域。在南湖内涝事件中,社交媒体的信息能够体现内涝分布和内涝灾害情况,特别是对于积水点频次的统计,能够较为准确地反映不同区域受灾情况的不同。

社交媒体信息以其实时发布、自由发布和大量发布的特点,成为城市内涝灾害事件中有效的感应器,可以用来帮助分析内涝事件现状、过程以及原因,进一步分析城市内涝对快速城市化特别是城市湖泊区域土地利用/覆被剧烈变化的响应机制,为此类区域土地利用规划和开发提供重要的参考信息。

第六节 基于防范或降低内涝灾害的城市土地开发利用对策

一、城市湖泊区域土地利用开发内涝风险防范思想

(一)海绵城市建设和智慧城市打造相融共促

海绵城市,也称"水弹性城市",是基于创新型和实用性城市建设探索背景

下所提出的新一代城市雨洪调蓄管理概念,即城市本身可以如海绵一样,对于城市水文环境变化和应对自然灾害等方面具有良好的"弹性"和"自适应性",以有效应对城市内涝等自然灾害。2012年4月,"海绵城市"的概念在2012低碳城市与区域发展科技论坛中被首次提出;2013年12月12日,习近平总书记在中央城镇化工作会议上的讲话中强调:提升城市排水系统时要优先考虑把有限的雨水留下来,优先考虑更多利用自然力量排水,建设自然存积、自然渗透、自然净化的海绵城市。而《海绵城市建设技术指南——低影响开发雨水系统构建(试行)》及仇保兴发表的《海绵城市(LID)的内涵、途径与展望》指出,海绵城市,在降雨时,能够渗水、导水、贮水、净水;在城市用水过程中,可对蓄积的水资源进行释放和利用,提升城市生态系统功能和减少城市洪涝灾害的发生。

海绵城市建设需要围绕以下三方面内容进行建设:保护原有生态系统;恢复和修复受破坏的水体及其他自然环境;运用低影响开发措施建设城市生态环境。海绵城市是以景观为载体的水生态,是一个动态的生命系统,为综合、系统、可持续地解决水问题而设计,因此在技术基础设施方面除了关注自然水系统、林地等外,城市绿地也应当受到高度重视。在增强绿地功能的前提下,通过优化绿地开发控制目标与指标、规模与布局方式、与周边汇水区有效衔接模式、管理技术等,可以显著增强城市生态系统对自然降水的管控能力。

2015年,我国正式启动全国性的海绵城市建设,批准同意了重庆、鹤壁、安阳等一批试点城市。截至2020年底,全国共建成落实海绵城市建设理念的项目达4万多个,提升了雨水资源涵养能力和综合利用水平,实现雨水资源年利用量3.5亿吨。其主要手段是遵循海绵城市的建设原则,将收集的雨水时空错位应用在景观之中,减少了水资源的污染浪费,塑造良好的城市景观,满足人们日渐提升的环境需求。

"智慧城市"这一概念是由国际商业机器公司在2010年提出的,随后,"智慧城市"的概念得到迅速明确。智慧城市,就是在大数据的支持下,借助各种信息获取手段充分挖掘城市信息,并检测和分析信息属性,以对城市各类工作需要给予响应,提供支持。从2012年开始,我国逐步开始进行智慧城市的试点工作。2014年,国务院提出在2020年完成一批特色优势突出的智慧城市建设,在城市服务、城市治理等城市功能方面取得明显成果。

(二)排水防涝体系建设与城市建设共同完善

湖泊作为水系统的一个组成部分,是构建城区生态系统的关键组成部分,在城市雨洪调蓄、水源、水质、生态等方面的作用不可或缺，也是助推城市可持续发展、永续发展的重要驱动力。但是随着城市常住人口的增加、居民现实需要的提升和社会经济的快速发展，城市开发和建设所需用地也急剧扩张。作为城市生态系统的子系统，城市建设用地的变化也影响着同为系统组成部分的湖泊等水系统。在时代等因素的影响下，城市化在一定程度上是以牺牲生态为代价的，因而湖泊水质、水源、面积和蓄水量以及生态系统功能发挥受城市化影响日益严重。湖泊面积的萎缩对湖泊蓄滞功能的削弱，体现出城市湖泊面积变化在时间和空间上所体现的异质性特征，与城市规划和建设的不同阶段相适应，对城市治理以及湖泊保护给出了新需要，提出了新要求。

排水防涝体系的工程建设方面，我国建成了以防洪、排涝、排水为基础的城市水灾害防治工程体系，对城市水自然灾害的防治取得了一定的成就。但由于我国基础设施建设相对薄弱，排涝、排水系统的建设滞后于城市的建设，导致我国目前的城市水自然灾害防治工程还不能满足城市防治水自然灾害的需求。应当按照先规划、后建设、立足实际、适度超前的原则，高水平规划城市排水蓄水工程，使排水防涝设施建设与城市发展同步进行。

排水防涝体系的组织建设方面，"水务一体化"工作不断推进，除了城市建设部门长期以来承担着市政设施建设和维护工作，很多城市成立了水务部门，但相关的管理体系和制度还不健全，无法有效发挥其作用，因此管理维护体系和制度亟待完善。

（三）区域土地开发和区域综合管治协同推进

在土地利用开发过程中，土地利用变化不仅体现出政府规划开发的意志，也体现了诸多个人改变的行为，比如个人由于生产生活填占水域、损害湿地、破坏绿地。这反映出政府在土地利用开发过程中，由于管治措施没有跟进，加速了土地利用变化不合理的程度。因此，在未来土地利用开发中，一定要避免重开发轻管控，土地开发和土地管治要同时推进。未来的土地利用规划必须与城市综合防灾风险控制相吻合，以确定主要的发展方向、合理的开发用地、合适的开发密度以及确保必要的公共安全。一是要综合考虑数量与质量的关系；二是要把改善生态环境放在突出位置；三是要与经济结构调整相适应。

武汉市从2012年开始推行"湖长制"和"河长制"，由各区域主要负责人任湖长，实行问责制度，要加强组织管理、明确责任界限、找准责任点、完善追责框架、增强公共事务管理的多主体协作、进一步加强问责具体性、有效落实问责机制,在多方协同配合下更好地进行水域的治理与保护。这种根据公共事务的行政区域划分所构建的层级明确的责任体系与根据公共事务的属性在整体上所构建的完整的责任体系相交织和嵌合,使得模糊的公共行政责任在聚合下得以清晰化。同时,在明确湖泊责任人的基础上,还指定了具体的责任单位,在具体某项工作任务中也列出了责任单位,以直接对担责的湖长和河长进行追责。

二、城市湖泊区域土地利用开发内涝风险防范措施

(一)推进城市湖泊区域土地利用开发可持续发展

1. 合理调整建设用地

通过土地征用或土地税收政策逐渐将城市建设推出高风险区,并根据当地环境条件合理规划聚居在高风险区居民的转移路线和安置转移点房屋,对人口密度较大的高风险区加强布设防洪设施(如防洪大坝)。

对于容易遭受洪涝、靠近河岸、地势低平的典型易涝地区建设用地,改变土地利用类型,更改为绿色开放空间,如规划绿道、建立公园休闲区等。

对于海拔高程较低且商业服务业聚集、人口密集的典型易涝区域进行区域高程的调整,可通过建设加固,将此区域的高程提高到周围地区的基准高程面。

强化对各类建设用地选址的引导和控制,通过建立适当的法规,确保洪灾高风险地区免于密集的资本投资;避免将公共投资项目,如道路、水电设施、通信设施、学校、医院等建设在高风险区。

2. 优先安排生态用地

划出宜耕种的优质土地作为耕地,甚至是永久基本农田,充分发挥耕地的生态、景观和间隔功能,使生态建设与耕地保护有机统一;将具有生态功能的耕地特别是水田作为城市中的"绿心、绿带";集约化耕作和不适当的土地管理导致土壤压实,使农田地表径流增加,可增加有机质以改善土壤结构,改变土壤的透水性、蓄水性、通气性等。

严格落实土地用途管制,保护林业用地。要划定林业用地区,对高风险区严格控制林业用地随意转为他用,逐步安排陡坡耕地退耕还林,切实提高退耕还林的生态效益;在低洼地区种植更多耐涝抗洪植物。

严格执行湖泊保护条例,维持并扩大市域内河网水面率,严禁侵占河网水道;合理利用水面资源,根据不同的水体生态环境,发展水生作物种植,采取科

学的养殖模式，达到循环利用和改善生态环境的效果，加强湿地保护；禁止修建建筑物或者进行其他开发活动，保留自然湿地，沿河两岸可配置护岸林、创建绿色生态河岸走廊、植物缓冲区等，减少这些区域的灾害损失，为河流周边频繁遭遇的洪水留以宣泄空间。

因此，在未来湖区土地利用开发过程中，要多考虑在区域土地利用格局中形成隔离带和缓冲区的土地利用格局，即形成建设用地-绿地-其他用地的格局，以绿地为中间地带进行调整和缓冲，形成绿色屏障。加强建设用地防风固沙能力，调节区域气候的作用。同时，通过在中间地带构建分散的绿地区，也有利于城市湖泊区域防范城市涝灾，起到蓄积水分的作用。

（二）优化城市湖泊区域水域空间格局

对城市湖泊区域水域空间格局进行优化，首先，要进行水生态系统分析，重点是在城市土地利用开发规划和城市整体建设中充分考虑水生态安全。围绕水生态服务系统，以水源、水质、生物多样性、泄洪排涝为关键指标，以优化城市湖泊水域空间为抓手，协调构建城市水生态安全格局。首先，从整体考虑城市湖泊区域的水域分布、水系分布和汇水过程等信息，明确现有的水系统和城市开发建设的相互关系，通过设立禁建区，保护水系，降低湖区土地利用开发对城市湖泊水域的侵占，来维护水过程的完整性；而对于非受保护水体，可以设计邻水景观带，但是也以保护和抗干扰为原则。在保留现有水体的过程中，要强化水域之间的互通性，充分利用湖泊区域的地势高差，与泵站功能相结合，进行区域内的疏水和导水工作，保证区域内水文循环和水系构造的完整性。

其次，要对水体边界进行设计。在水域边界，通过修缮水道、构筑水防堤岸，使得完整的水域边界保持平滑。在水域外围，可以通过修建公园绿道，作为城市和水域之间的缓冲区，避免未来的城市建设和土地开发进一步破坏水系统的结构和功能，平时作为民众活动空间，雨时作为城市调蓄径流的通道。

最后，要对水资源进行合理疏导和利用。在湖泊区域土地利用开发中，生态基础设施应充分融入海绵城市理念，为下一步实体建设奠定空间基础。在城市降雨过程中，发挥城市本身的导水、贮水功能，有效应对不同程度的内涝灾害。对渗水地面、雨水花园和街道管网等进行统一设计，推动区域水循环良性发展。

（三）发挥城市湖泊区域绿地公园功能

在国家以生态优先、绿色发展为导向的高质量发展以及国土空间规划体系建构的大背景下，平衡湿地空间保护和城市开发对城市可持续发展具有重要意义，单纯依靠以排水、防洪为单一功能工程基础设施进行雨洪管理的方式需要加以转化。强化园林绿地中进行雨水径流水质、流量控制及雨水资源化利用的意识，推进我国节约型园林绿地的建设发展，从一定程度上缓解当前城市内涝、水质污染及水资源紧缺的现实问题。

城市湖泊区域对绿地公园进行优化，首先，要充分发挥绿地公园"海绵"功能。要以支持城市雨洪调蓄为首要原则，通过沉降式绿地、雨水花园等设计，使得绿地公园能够在降雨期成为蓄留雨水的人工水域。"海绵"作用不仅仅局限于绿地公园，要将分散布局在整个区域中的湿地、主次水系、各级各类绿地、树林等要素的水循环系统纳入考量，以绿地公园为其中一环的重要载体，与周围住宅区、道路的绿地系统在空间上进行有机整合，形成密切联系，构成一个整体，缓解中心区防洪排涝压力，达到调蓄洪水和净化水质的作用。

其次，要注重发挥绿地公园生态功能，确保水域内联外通，构建韧性水网骨架。在绿地公园修建和修缮过程中，要对原有的破碎板块进行统筹规划，增强与区域主要水系联通，协助内部水系与外部生态网络的能量与信息交换。确定原有绿地植被的范围，明确该区域绿地的适宜比重，保护原有绿地系统的自然性和完整性，一方面有利于保护自然资源，另一方面可以发挥绿地公园的生态功能。

最后，要优化绿地公园空间设计，形成结构合理的雨洪网络系统，构建生态骨架。传统的绿地设计多注重平面维度上的绿地面积，较少考虑纵向上的空间设计。可以将平面分布和地面凹凸设计相结合，结合地形等雨水水路的影响因素和雨水管道的建设情况，将低层级的排水通道与高层级的城市雨水廊道相联通，形成跨空间层级的网络系统，重塑网络连接关系，增强对突发性极端雨洪灾害的抵御能力。对于某些设施顶层，也可以继续使用绿化措施发挥价值，一方面形成良好景观格局，另一方面也是建筑密集区域绿化的合理方法。

目前我国已建设若干城市湿地公园，在探索过程中提出了许多新颖的策略。例如，杭州市城市总体规划（2001—2020年）结合剖析研究区的建设现状问题，以三力韧性培育为导向提出韧性优化策略。目的是促进湿地空间生态功能在城市建设开发进程中得以恢复和优化，建设用地灵活适应发展需要以实现弹性开发。

（四）加强城市湖泊区域道路设施规划

城市湖泊区域对道路设施进行优化，首先，要创新路网规划格局。传统的路网规划格局追求道路通达率和安全性，往往设计成密度较大的纵横网格分布。传统路网规划为高密度人口背景下居民的出行提供了便利,但是也增加了城市地表不透水面面积。因此,可以尽量优化道路规则网格分布,设置不规则的平行网格或不规则的平行道路来减少道路面积。

其次,要更新辅路基础设施。需要依据可持续发展战略原则,可持续发展的核心是保护与发展,保护是发展的前提,发展是为了更好地保护。辅路设施在交通功能中负载较轻,因而可以更多地使用透水材料铺设地面,通过提高辅路设施的覆盖率,增加整个区域内的透水面积。进一步地,通过辅路在整个路网中的穿插铺设,增加整个区域内的透水面分布,有助于抵抗丰雨期涝灾。

最后,要关注道路的绿化建设。目前的绿化带大多是高于路面的上凸式,可以将道路两边的绿化带改建成下凹式,路面形成的雨水径流会有部分汇入绿化带,具有对雨水的下渗、截留、滞蓄作用。

(五) 提升城市排涝能力

针对城区,将蓄水和排水设施相结合,提高城市内涝应对能力。利用蓄水设施弥补排水设施的不足,减少城市内涝防治的成本。排水方面,加强排水管道的维修、维护工作,改造地下管网,如适当扩大管径,解决雨、污分流问题。排水管道可能会因腐蚀或堵塞等问题导致排水不畅,要有专门工作人员进行长期的监管与定期的维护;对于不能满足排水要求的管网,要重新改造、修建,以适应城市排水量。同时,加大对防洪、排涝、排水工程的投资,增加排涝设施,如排涝挡潮闸、排涝泵站。蓄水方面,主要措施包括兴建蓄水池、下沉式花园,以收集汇集的雨水;也可以选择城市低洼地带建设广场,在暴雨天气暂时对雨水进行储存,等洪峰过后,再进行回灌或将其排入河道。

针对湖泊水域,积极建设泵站并保留现有水体,充分利用水域之间的地势高差,与泵站功能相结合,进行区域内的疏水和导水工作,保证区域内水文循环和水系构造的完整性。同时,对水体边界进行设计,修缮水道、构筑水防堤岸,使得完整的水域边界保持平滑。在水域外围,可以通过修建公园绿道,作为城市和水域之间的缓冲区,以及降雨时城市调蓄径流的通道。

(六) 完善城市湖泊区域组织管理机制

城市湖泊区域组织管理的优化,首先,要加强组织管理、明确责任界限,找准责任点、完善追责框架、增强公共事务管理的多主体协作、进一步加强问责具体性、有效落实问责机制。政府主导着城市的土地规划、利用和开发,也相应地担负着保护城市土地健康的责任。应当在城市发展中充分融入海绵城市理念,在相关责任人的绩效考核中纳入海绵城市发展的评价,将相关部门的职责捋顺。通常情况下,公共事务涉及的领域广、部门多,具体事务的解决依赖多社会主体的协同运作。在指定具体责任单位和厘清层级追责机制的情况下,还可设置联席会议制度,这为协调相关公共事务提供了重要的平台和路径,可有效促进部门之间的联系和配合,共同建设健康城市。

其次,要建立长效机制。第一,建立直接负责人机制,如武汉市推行河长制和湖长制,牵头对沿河区域和湖泊区域进行管理和整治。第二,设计针对性的湖泊治理方案和措施,对城市湖泊区域土地利用状况、湖泊水质等具体问题具体分析,如苏州针对湖泊保护提出"一湖一策"。第三,发动社会力量,对城市湖泊区域变化积极进行监督和响应,让民众更好地参与到湖区土地利用开发与内涝灾害防范的管理中。同时,政府主导着城市的土地规划、利用和开发,企业则承担着落实建设规划的社会责任,两者共同担负着保护城市土地健康的责任,在这一过程中,监督评价机制的完善有利于让城市内涝防范的管理体系更加高效完备。政府应该在城市内涝的防范过程中明确责任界限,在相关责任人的绩效考核中纳入海绵城市发展的评价,捋顺相关部门职责,有效促进跨部门的联系和配合,共同建设健康城市。以案为鉴,把近几年实际发生的特大暴雨灾害事件作为案例纳入干部培训内容,强化各级责任人专题培训,提高领导干部应对灾害的能力和水平。面向企业,利用政策,将排水系统的修建纳入强制范围或与投资商利益挂钩,建立排水管路影响评价体系,对施工单位施行严格的问责机制,使得企业在公共安全与商业利益之间保持平衡。

第七节 案例总结

本案例通过解译多年期遥感影像获得武汉市南湖地区土地利用数据,通过社交媒体信息和官方通告内容分析获得内涝中积水点的数据,进一步展开对研究区土地利用变化特征和内涝灾害响应的分析,并根据内涝灾害响应情况制作武汉市南湖地区内涝灾害风险分级图。

1988—2017 年间,武汉市南湖地区土地利用变化剧烈,建设用地持续扩张,增加了 3076ha;水域、草地和耕地大幅下降,分别减少 869ha、793ha、465ha,

且都主要转化为建设用地；南湖地区不透水面不断扩大，提高了南湖地区内涝的风险等级。

社交媒体信息可以在城市内涝事件中被挖掘、分析和进行决策支持。通过对南湖地区积水点的数据进行挖掘，获得 79 处积水点的空间与属性信息。进一步对其出现频次、空间分布和南湖地区土地利用变化情况、南湖地区高程数据和南湖地区住宅密度进行分析，发现积水点密集分布在近湖泊、低地势、高住宅密度的不透水面的范围内。

根据内涝影响因素进行分析，选取地势、地表情况、降水量和住宅密度等因素绘制南湖地区内涝风险等级图，与南湖地区积水点空间分布、积水点频次分布具有一致性，内涝风险越高的区域积水点分布越密集，内涝风险越高的区域积水点累计频次越高。

基于防范或降低内涝灾害的湖区土地开发，要融入海绵城市的理念，提前规划、加强监管，同时优化设计湖区土地利用格局，使得湖区能够有效抵御城市内涝灾害。

目前武汉市城市扩张迅猛，2016 年城市化率达到 79.77%，城市化进程加快引起城市湖泊区域土地利用快速变化。本书以 2016 年发生严重内涝灾害的武汉市南湖地区为研究区域，运用地理信息技术、景观学、土地管理和城市规划相关知识，基于历史图片和多年期遥感影像，结合相关的社会经济资料，先对 1988—2017 年武汉市南湖地区土地利用类型时空演变过程进行了分析，再通过对社交媒体中研究区域内涝灾害信息进行挖掘，分析内涝灾害数据并深入探讨了城市湖泊区域内涝灾害和土地利用变化之间的关系，进一步提出基于防范或降低内涝灾害的城市湖泊区域土地利用开发建议。研究表明以下几点。

(1) 南湖地区建设用地持续扩张，建设用地面积由 1988 年的 2033ha 增至 2017 年的 5109ha，累计增加 3076ha。建设用地一直是南湖其他土地利用类型最主要的转换方向，其中建设用地占到南湖地区水域损失总面积的 61.4%、草地流失总面积的 58.2%，同时水域和草地先转换为其他用地后，第二阶段转换为建设用地数量也较多。住宅用地是最主要的建设用地利用类型，伴随着住宅及其配套措施的建设，南湖地区不透水面比重由 1988 年的 35.5% 增至 2017 年的 71.5%。

(2) 南湖地区水域面积大幅下降，由 1988 年的 1730ha 降至 2017 年的 861ha，共减少 869ha。水域下降过程可分为：损失量增加阶段（1988—1996 年）→损失量最大阶段（1996—2004 年）→损失量减少阶段（2004—2010 年）→水域变化静止阶段（2010—2017 年）。

(3) 通过社交媒体内容分析可挖掘得到内涝积水点的空间和属性信息。通过对官方通告、新闻报道和自媒体的内涝灾害信息进行分析和挖掘,共计获得79处积水点,其中,出现频次为1次的积水点有33处,出现频次为2~5次的积水点有31处;出现频次为6~10次的积水点有10处;出现频次在10次以上的积水点有5处。

(4) 通过对积水点和南湖地区土地用变化、地势、降水和建筑密度等因素的叠加分析,发现内涝灾害多发生在原南湖水域和南湖沿岸低地势区域内。在极端降雨条件下,以建设用地扩张为主的土地利用变化导致的下垫面硬化和南湖西部区域低地势是内涝灾害发生的主要原因。

(5) 从南湖地区土地利用变化和内涝灾害响应情况可以看出,随着城市湖泊区域的其他用地类型不断被侵占并转换成住宅用地等建设用地,湿地蓄水、排水能力下降,同时城市湖泊区域海拔较低,原水域范围内发生涝灾的概率和危害程度也随之提高。在未来的城市发展过程中,政府需要出台更强有力的湖区开发管控政策以及更合理的湖区土地开发规划,合理配置透水面和不透水面比例,降低城市内涝发生的可能性。

第八章 主要结论

应对城市洪涝灾害是一个社会过程，需要公众的支持，也需要城市利益相关方的积极参与。我们的研究强调了公众参与数据对城市洪涝风险评估研究的重要性。所利用的数据是 Web1.0 和 Web2.0 的混合资源，由城市利益相关者生成，而不仅仅是根据中国互联网景观特征生成的社交媒体数据。这个案例研究说明了深入利用从互联网上检索到的非科学家数据的潜力。除了数据收集和风险沟通，互联网上的每个洪涝位置记录都代表了洪涝事件期间的一个调查地点，灾害信息生产的新方法为洪涝灾害敏感性评估提供了新的机会。这些公民科学家，例如记者和公民，可以帮助查明对气候和人类影响最敏感的地点和时期，这一可用的地理数据预计在未来将呈指数级增长。作为一种免费的劳动力来源，公民在互联网上的观察可能对于理解与这些地区的先前条件有关的大规模洪涝的风险区域特别有用。应将公众观察进一步纳入当代洪涝管理措施清单，为城市复原力管理提供科学知识。

城市灾害管理需要加强洪涝行为观察。公民科学是一种研究合作形式，包括公众参与科学研究项目，以解决现实世界的问题。目前，城市洪涝管理领域的公民科学在许多国家，特别是发展中国家的相关部门和学术研究中尚未得到广泛的认可。现代信息和通信技术能够为城市利益相关者开发一个特定的平台，以便更好地参与洪涝灾害管理。互联网媒体为科学研究和灾难恢复管理提供了宝贵的资源。信息通信技术创造了一种情况或一种界面，以方便和访问分布式观测，从而为精细尺度的空间分析提供了可能性。促进公众参与城市洪涝风险管理是许多国家一个迅速出现的领域。考虑到城市洪涝风险的严重性，需要更多的与公民科学相关的探索和应用，以支持城市风险决策。

管理的公众参与受到技术和社会进步的影响，基于网络的地理空间技术的发展改变了灾害响应和救灾方法。除了媒体和政府网站，可以在数据驱动的洪涝敏感性评估中开发多个洪涝受灾地点的网络来源。使用地理信息检索方法，如从网络链接中获得的搜索引擎，可能不是研究人员使用公民生成的数据来产生科学知识的最佳方案。以人作为传感器可以通过传感器网络和社交网络、虚拟传感器以及各种在线媒体服务的新兴集成来补充其他传感器数据的来源。因此，需要采用更好的方法帮助公民观察和记录洪水现象，以最大限度地提高公民科学家产生的数据的价值。例如，通过加强城市利益相关者研究社区内的网络和协作，城市利益相关者可以多方向、分散、多元化和包容性的方式增加对洪水管理的持续参与。通过政策设计或法律框架的协调，政府可以开发自我报告或VGI平台，提高用户生成数据的可靠性和促进更多的公民参与。实际上，这些对策可以促进公民科学发展，帮助洪水管理和规划者、决策者及政府采取适当的行动来控制和减轻城市洪涝灾害。

总的来看，网络时代由社会公众广泛参与形成的网络媒体数据，对于城市特大暴雨期间的灾害应急管理具有重要价值，能够帮助城市应急管理部门和利益相关者开展灾害危险性评价、灾害热点实时跟踪和灾害的成因机制分析等方面的研究决策。展望未来，伴随着各种新型媒体和人工智能技术的不断出现，需要进一步加强社会公众生成的大数据在灾害应急管理中的潜力探索，并将这种类型数据与现有的城市应急管理平台或城市运营中心平台进行整合，以进一步提升突发灾害事件期间城市应急管理能力和决策水平。

参考文献

[1] 张敏, 霍朝光, 霍帆帆. 突发公共安全事件社交舆情传播行为的影响因素分析——基于情感距离的调节作用 [J]. 情报杂志, 2016, 35 (5): 38-45.

[2] 黄建毅, 苏飞. 城市灾害社会脆弱性研究热点问题评述与展望 [J]. 地理科学, 2017, 37 (8): 1211-1217.

[3] Daniel E, Adriana L, Antônio M T T. Systematic literature review of methodologies for assessing the costs of disasters [J]. International Journal of Disaster Risk Reduction, 2019, 33 (C): 398-416.

[4] Wu D, Cui Y. Disaster early warning and damage assessment analysis using social media data and geo-location information [J]. Decision Support Systems, 2018, 111 (7): 48-59.

[5] Zhang C, Fan C, Yao W, et al. Social media for intelligent public information and warning in disasters: an interdisciplinary review [J]. International Journal of Information Management, 2019, 49: 190-207.

[6] Alexander D E. Social media in disaster risk reduction and crisis management [J]. Science and engineering ethics, 2014, 20: 717-733.

[7] Procopio C H, Procopio S T. Do you know what it means to miss New Orleans? Internet communication, geographic community, and social capital in crisis [J]. Journal of applied communication research, 2007, 35 (1): 67-87.

[8] Kryvasheyeu Y, Chen H, Obradovich N, et al. Rapid assessment of disaster damage using social media activity [J]. Science advances, 2016, 2 (3): e1500779.

[9] 邬柯杰, 吴吉东, 叶梦琪. 社交媒体数据在自然灾害应急管理中的应用研

究综述[J]. 地理科学进展, 2020, 39 (8): 1412-1422.

[10] Wukich C. Preparing for disaster: social media use for household, organizational, andcommunity preparedness [J]. Risk, Hazards & Crisis in Public Policy, 2019, 10 (2): 233-260.

[11] Dufty N. Using social media to build community disaster resilience [J]. Australian Journal of Emergency Management, 2012, 27 (1): 40-45.

[12] Freeman J, Hess K, Waller L. Communication life line? ABC emergency broadcasting in rural/regional Australia [J]. Communication Research and Practice, 2018, 4 (4): 342-360.

[13] Dufty N. Progress made with early warning systems in Australia since 2005 [J]. Australian Journal of Emergency Management, 2014, 29 (4): 43-47.

[14] Haworth B, Bruce E. A review of volunteered geographic information for disaster management [J]. Geography Compass, 2015, 9 (5): 237-250.

[15] Miller H J, Goodchild M F. Data-driven geography [J]. GeoJournal, 2015, 80: 449-461.

[16] Hiltz S R, Hughes A L, Imran M, et al. Exploring the usefulness and feasibility of software requirements for social media use in emergency management [J]. International journal of disaster risk reduction, 2020, 42: 101367.

[17] Willems J, Forbes R J, Simmons M. Beyond place-based: the role of virtual communities via social media in young adult recovery [J]. Australian Journal of Emergency Management, 2021, 36 (2): 48-53.

[18] Abedin B, Babar A. Institutional vs. non-institutional use of social media during emergency response: a case of twitter in 2014 Australian bush fire [J]. Information Systems Frontiers, 2018, 20: 729-740.

[19] Deng Q, Liu Y, Zhang H, et al. A new crowdsourcing model to assess disaster using microblog data in typhoon Haiyan [J]. Natural Hazards, 2016, 84: 1241-1256.

[20] Feldman D, Contreras S, Karlin B, et al. Communicating flood risk: looking back and forward at traditional and social media outlets [J].

International Journal of Disaster Risk Reduction, 2016, 15: 43-51.

[21] Liu W, Xu W W, Tsai J Y J. Developing a multi-level organization-public dialogic communication framework to assess social media-mediated disaster communication and engagement outcomes [J]. Public relations review, 2020, 46 (4): 101949.

[22] Bird D, Ling M, Haynes K. Flooding Facebook: the use of social media during the Queensland and Victorian floods [J]. Australian Journal of Emergency Management, 2012, 27 (1): 27-33.

[23] Li L, Du Y, Ma S, et al. Environmental disaster and public rescue: a social media perspective [J]. Environmental Impact Assessment Review, 2023, 100: 107093.

[24] Cameron M A, Power R, Robinson B, et al. Emergency situation awareness from twitter for crisis management [C] //Proceedings of the 21st international conference on world wide web, 2012: 695-698.

[25] Eilander D, Trambauer P, Wagemaker J, et al. Harvesting social media for generation of near real-time flood maps [J]. Procedia Engineering, 2016, 154: 176-183.

[26] Sun D, Li S, Zheng W, et al. Mapping floods due to Hurricane Sandy using NPP VIIRS and ATMS data and geotagged Flickr imagery [J]. International Journal of Digital Earth, 2016, 9 (5): 427-441.

[27] Li Z, Wang C, Emrich C T, et al. A novel approach to leveraging social media for rapid flood mapping: a case study of the 2015 South Carolina floods [J]. Cartography and Geographic Information Science, 2018, 45 (2): 97-110.

[28] Landwehr P M, Wei W, Kowalchuck M, et al. Using tweets to support disaster planning, warning and response [J]. Safety Science, 2016, 90: 33-47.

[29] Restrepo-Estrada C, de Andrade S C, Abe N, et al. Geo-social media as a proxy for hydrometeorological data for streamflow estimation and to improve flood monitoring [J]. Computers & Geosciences, 2018, 111: 148-158.

[30] Li J, Cai R, Tan Y, et al. Automatic detection of actual water depth of

urban floods from social media images [J]. Measurement, 2023, 216: 112891.

[31] Bec A, Becken S. Risk perceptions and emotional stability in response to Cyclone Debbie: an analysis of Twitter data [J]. Journal of Risk Research, 2021, 24 (6): 721-739.

[32] Kankanamge N, Yigitcanlar T, Goonetilleke A, et al. Determining disaster severity through social media analysis: testing the methodology with South East Queensland Flood tweets [J]. International journal of disaster risk reduction, 2020, 42: 101360.

[33] Bryan-Smith L, Godsall J, George F, et al. Real-time social media sentiment analysis for rapid impact assessment of floods [J]. Computers & Geosciences, 2023: 105405.

[34] Huang Q, Xiao Y. Geographic situational awareness: mining tweets for disaster preparedness, emergency response, impact, and recovery [J]. ISPRS International Journal of Geo-Information, 2015, 4 (3): 1549-1568.

[35] Abel F, Hauff C, Houben G J, et al. Semantics + filtering + search = twitcident. exploring information in social web streams [C] // Proceedings of the 23rd ACM conference on Hypertext and social media, 2012: 285-294.

[36] Freitas D P, Borges M R S, Carvalho P V R. A conceptual framework for developing solutions that organise social media information for emergency response teams [J]. Behaviour & Information Technology, 2020, 39 (3): 360-378.

[37] Zhang Y, Chen Z, Zheng X, et al. Extracting the location of flooding events in urban systems and analyzing the semantic risk using social sensing data [J]. Journal of Hydrology, 2021, 603: 127053.

[38] Guan X, Chen C. Using social media data to understand and assess disasters [J]. Natural hazards, 2014, 74: 837-850.

[39] Schnebele E, Cervone G, Waters N. Road assessment after flood events using non-authoritative data [J]. Natural Hazards and Earth System Sciences, 2014, 14 (4): 1007-1015.

[40] 徐敬海，褚俊秀，聂高众，等. 基于位置微博的地震灾情提取［J］. 自然灾害学报，2015，24（5）：12-18.

[41] Kusumo A N L，Reckien D，Verplanke J. Utilising volunteered geographic information to assess resident's flood evacuation shelters. Case study：Jakarta［J］. Applied geography，2017，88：174-185.

[42] 王波，甄峰，孙鸿鹄. 基于社交媒体签到数据的城市居民暴雨洪涝响应时空分析［J］. 地理科学，2020，40（9）：1543-1552.

[43] Yan Y，Eckle M，Kuo C L，et al. Monitoring and assessing post-disaster tourism recovery using geotagged social media data［J］. ISPRS International Journal of Geo-Information，2017，6（5）：144.

[44] Guo K，Guan M，Yan H. Utilising social media data to evaluate urban flood impact in data scarce cities［J］. International Journal of Disaster Risk Reduction，2023：103780.

[45] Singh J P，Dwivedi Y K，Rana N P，et al. Event classification and location prediction from tweets during disasters［J］. Annals of Operations Research，2019，283：737-757.

[46] Kumar A，Singh J P，Dwivedi Y K，et al. A deep multi-modal neural network for informative Twitter content classification during emergencies［J］. Annals of Operations Research，2020：1-32.

[47] Cervone G，Sava E，Huang Q，et al. Using Twitter for tasking remote-sensing data collection and damage assessment：2013 Boulder flood case study［J］. International Journal of Remote Sensing，2016，37（1）：100-124.

[48] Dou M，Wang Y，Gu Y，et al. Disaster damage assessment based on fine-grained topics in social media［J］. Computers & Geosciences，2021，156：104893.

[49] Gruebner O，Lowe S R，Sykora M，et al. Spatio-temporal distribution of negative emotions in New York City after a natural disaster as seen in social media［J］. International journal of environmental research and public health，2018，15（10）：2275.

[50] Shan S，Zhao F，Wei Y，et al. Disaster management 2. 0：a real-time disaster damage assessment model based on mobile social media data—A

case study of Weibo (Chinese Twitter) [J]. Safety science, 2019, 115: 393-413.

[51] Tan L, Schultz D M. Damage classification and recovery analysis of the Chongqing, China, floods of August 2020 based on social-media data [J]. Journal of Cleaner Production, 2021, 313: 127882.

[52] Kumar D, Ukkusuri S V. Utilizing geo-tagged tweets to understand evacuation dynamics during emergencies: a case study of Hurricane Sandy [C] //Companion Proceedings of the The Web Conference 2018, 2018: 1613-1620.

[53] Martín Y, Li Z, Cutter S L. Leveraging Twitter to gauge evacuation compliance: spatiotemporal analysis of Hurricane Matthew [J]. PLoS one, 2017, 12 (7): e0181701.

[54] Krueger M, Albris K. Resilience unwanted: Between control and cooperation in disaster response [J]. Security dialogue, 2021, 52 (4): 343-360.

[55] Wu X, Guo J, Wu X, et al. Finding of urban rainstorm and waterlogging disasters based on microblogging data and the location-routing problem model of urban emergency logistics [J]. Economic Impacts and Emergency Management of Disasters in China, 2021: 221-258.

[56] Gao H, Barbier G, Goolsby R. Harnessing the crowdsourcing power of social media for disaster relief [J]. IEEE intelligent systems, 2011, 26 (3): 10-14.

[57] Heinzelman J, Waters C. Crowdsourcing crisis information in disaster-affected Haiti [M]. Washington, DC: US Institute of Peace, 2010.

[58] Fu S, Lyu H, Wang Z, et al. Extracting historical flood locations from news media data by the named entity recognition (NER) model to assess urban flood susceptibility [J]. Journal of Hydrology, 2022, 612: 128312.

[59] Zhao G, Pang B, Xu Z, et al. Mapping flood susceptibility in mountainous areas on a national scale in China [J]. Science of the Total Environment, 2018, 615: 1133-1142.

[60] Wu X, Wang Z, Guo S, et al. Scenario-based projections of future urban inundation within a coupled hydrodynamic model framework: a case study in Dongguan City, China [J]. Journal of Hydrology, 2017, 547: 428-442.

[61] Li Y, Hu T, Zheng G, et al. An improved simplified urban storm inundation model based on urban terrain and catchment modification [J]. Water, 2019, 11 (11): 2335.

[62] Khosravi, Khabat, et al. A comparative assessment of flood susceptibility modeling using multi-criteria decision-making analysis and machine learning methods [J]. Journal of Hydrology, 2019, 573: 311-323.

[63] Li, Yao, et al. Urban flood susceptibility mapping based on social media data in Chengdu City, China [J]. Sustainable Cities and Society, 2023, 88: 104307.

[64] Luo F, Cao G, Mulligan K, et al. Explore spatiotemporal and demographic characteristics of human mobility via Twitter: a case study of Chicago [J]. Applied Geography, 2016, 70: 11-25.

[65] Dargin J S, Fan C, Mostafavi A. Vulnerable populations and social media use in disasters: uncovering the digital divide in three major US hurricanes [J]. International Journal of Disaster Risk Reduction, 2021, 54: 102043.

[66] 孟涛, 闫宏飞, 王继民. 一个增量搜集中国 Web 的系统模型及其实现 [J]. 清华大学学报（自然科学版）, 2005, 45 (9): 1882-1886.

[67] 胡廉民, 张泽斌, 徐威迪, 等. 基于分层结构保留的增量网络爬虫算法 [J]. 计算机应用研究, 2013, 30 (8): 2381-2385.

[68] 潘正高. 基于规则和统计相结合的中文命名实体识别研究 [J]. 情报科学, 2012, 30 (5): 708-712, 786.

[69] 魏勇, 胡丹露, 李响, 等. 顾及句法特征的中文地名识别方法 [J]. 测绘科学技术学报, 2016, 33 (1): 99-104.

[70] 刘杰. 基于改进的隐马尔科夫模型的中文命名实体识别算法 [J]. 太原师范学院学报（自然科学版）, 2009, 8 (1): 80-83, 90.

[71] Zhou Q, Leng G, Su J, et al. Comparison of urbanization and climate

change impacts on urban flood volumes: importance of urban planning and drainage adaptation [J]. Science of The Total Environment, 2019, 658: 24-33

[72] Francesco F, Fabio L, Guido P, et al. Role of rainfall intensity and urban sprawl in the 2014 flash flood in Genoa City, Bisagno catchment (Liguria, Italy) [J]. Applied Geography, 2018, 98: 224-241

[73] 马佳琪,滕国文. 基于 Matplotlib 的大数据可视化应用研究 [J]. 电脑知识与技术, 2019, 15 (17): 18-19.

[74] 占昌俊. 基于 JSP 社区服务平台的设计与实现 [D]. 厦门:厦门大学, 2014.

[75] 赵金楼,成俊会. 基于 SNA 的突发事件微博舆情传播网络结构分析——以"4.20四川雅安地震"为例 [J]. 管理评论, 2015, 27 (1): 148-157.

[76] Fohringer J, Dransch D, Kreibich H, et al. Social media as an information source for rapid flood inundation mapping [J]. Natural Hazards and Earth System Sciences, 2015, 15 (12): 2725-2738

[77] Liu J, Wang S, Li D. The analysis of the impact of land-use changes on flood exposure of Wuhan in Yangtze River Basin, China [J]. Water Resources Management, 2014, 28 (9): 2507-2522.

[78] Kim B, Park J, Suh J. Transparency and accountability in AI decision support: explaining and visualizing convolutional neural networks for text information [J]. Decision Support Systems, 2020, 134: 113302.

[79] Laylavi F, Rajabifard A, Kalantari M. Event relatedness assessment of Twitter messages for emergency response [J]. Information Processing & Management, 2017, 53 (1): 266-280.

[80] Luo X, Chen Z. English text quality analysis based on recurrent neural network and semantic segmentation [J]. Future Generation Computer Systems, 2020, 112: 507-511.

[81] Zhang R, Tang C, Ma S, et al. Using Markov chains to analyze changes in wetland trends in arid Yinchuan Plain, China [J]. Mathematical and Computer Modelling, 2011, 54: 924-930.

[82] Elalem S, Pal I. Mapping the vulnerability hotspots over Hindu-Kush Himalaya region to flooding disasters [J]. Weather and Climate

Extremes, 2015, 8: 46-58.

[83] Majumder R, Bhunia G S, Patra P, et al. Assessment of flood hotspot at a village level using GIS-based spatial statistical techniques [J]. Arabian Journal of Geosciences, 2019, 12 (13): 1-12.

[84] Mazumdar J, Paul S K. A spatially explicit method for identification of vulnerable hotspots of Odisha, India from potential cyclones [J]. International Journal of Disaster Risk Reduction, 2018, 27: 391-405.

[85] Goodchild M F, Li L. Assuring the quality of volunteered geographic information [J]. Spatial Statistics, 2012, 1: 110-120.

[86] Horita F E A, De Albuquerque J P, Marchezini V, et al. Bridging the gap between decisionmaking and emerging big data sources: an application of a model-based framework to disaster management in Brazil [J]. Decision Support Systems, 2017, 97: 12-22.

[87] Vasardani W Maria, R Sephan, et al. Locating place names from place descriptions [J]. International Journal of Geographical Information Science, 2013, 27: 2509-2532

[88] Aisha T S, Wok S, Manaf A M A, et al. Exploring the use of social media during the 2014 flood in Malaysia [J]. Procedia-Social and Behavioral Sciences, 2015, 211: 931-937

[89] Fang J, Hu J, Shi X, et al. Assessing disaster impacts and response using social media data in China: a case study of 2016 Wuhan rainstorm [J]. International Journal of Disaster Risk Reduction, 2019, 34: 275-282.

[90] 舒亮亮, 何小赛. 城市洪涝灾害风险评估研究进展 [J]. 中国防汛抗旱, 2022, 32 (S1): 127-132.

[91] Hong H, Tsangaratos P, Ilia I, et al. Application of fuzzy weight of evidence and data mining techniques in construction of flood susceptibility map of Poyang County, China [J]. Science of the Total Environment, 2018, 625: 575-588.

[92] Khosravi K, Nohani E, Maroufinia E, et al. A GIS-Based flood susceptibility assessment and its mapping in Iran: a comparison between frequency ratio and weights-of-evidence bivariate statistical models with

multi-criteria deci-sion-making technique [J]. Natural Hazards, 2016, 83 (2): 947-987.

[93] Tehrany M S, Pradhan B, Jebur M N. Spatial prediction of flood susceptible areas using rule based decision tree (DT) and a novel ensemble bivariate and multivariate statistical models in GIS [J]. Journal of Hydrology, 2013, 504: 69-79.

[94] 俞孔坚, 王思思, 李迪华, 等. 北京市生态安全格局及城市增长预景 [J]. 生态学报, 2009, 29 (3): 1189-1204.

[95] 李军玲, 刘忠阳, 邹春辉. 基于GIS的河南省洪涝灾害风险评估与区划研究 [J]. 气象, 2010, 36 (2): 87-92.